Gareth J Goossen

CAMINAR
EN ADORACIÓN

DONDE LA ADORACIÓN SE INTERCEPTA CON LA VIDA

EDITORIAL PATMOS

Caminar en adoración

Publicado por Editorial Patmos,
Miami, FL E.U.A. 33169

Publicado originalmente en inglés por WestBow Press, A Division of Thomas Nelson, 1663 Liberty Drive, Bloomington, IN 47403 con el título *Worship Walk*.

Las citas bíblicas han sido tomadas de la Santa Biblia: (NVI) Nueva Versión Internacional, Grand Rapids, MI: Zondervan Publishing House; Bíblica (1999)
(NTV) Nueva Traducción Viviente
Wheaton, IL: Tyndale House Publishers (2010)
(PDT) Palabra de Dios para Todos,
Chicago, IL, World Bible Translation Center (2008)
(DHH) Dios Habla Hoy. Tercera edición © Sociedades Bíblicas Unidas, Miami, FL: Sociedades Bíblicas Unidas (1996)

Traducido por Amy Burton, Yeida Rodríguez, Oscar Bornacelli y Carmina Pérez.
Edición por Luis Carlos Castillo y Juan David Gómez
Diseño de portada por Wagner Leonardo Francia

ISBN 13: 978158802-715-3

Categoría: Vida Cristiana

Impreso en Brasil
Printed in Brazil

DEDICATORIA

Para mi esposa Gayle

y nuestros hijos, Chris, Dan (Lisa), Carine

y nuestros nietos, Ashton, Ava, Gabriel

Amen al Señor su Dios,
condúzcanse de acuerdo con su voluntad,
obedezcan sus mandamientos,
manténganse unidos firmemente a él
y sírvanle de todo corazón
y con todo su ser.
Josué 22:5b

CONTENIDO

TERCERA PARTE: ATANDO LOS CABOS SUELTOS

En todas partes y en toda ocasión
reconocemos esto con profunda gratitud.
Hechos 24:3

AGRADECIMIENTOS
Nunca caminamos solos

Muchas personas se han agrupado para ayudarme a comenzar y a escribir este libro. En primer lugar, mi agradecimiento y mi alabanza son para mi Señor Jesucristo quien, por medio de Su Espíritu Santo, continúa guiándome y mostrándose a mí de muchas maneras cada día. Él es el que continúa enseñándome a caminar en adoración.

Segundo, mi amor y mi agradecimiento van dirigidos a mi esposa, Gayle, quien con su apoyo, sus dones para contar historias, su imaginación y su talento para escribir, ha hecho que este libro sea una realidad. Algunas veces, ella hablaba conmigo de los componentes de estos capítulos, ayudándome a ir en una dirección y editando lo que yo escribía, para reflejar de una mejor manera lo que estaba en mi corazón. Ella trabajó muchas horas para editar, para añadir y para mejorar este libro, a pesar de su horario de trabajo tan cargado.

También quiero agradecer a nuestros tres hijos (los cuales, ahora ya son adultos) por prestar a su padre muchas, muchas veces en estos años de ministerio desde 1994. Ellos sacrificaron el tiempo con su padre, para que otros fuesen animados a caminar en adoración. Les agradezco por las maneras en las que me animaron a seguir escribiendo, algunas veces, al preguntarme bromeando si estaba evadiendo el escribir este libro cuando me veían arreglando algo de la casa o cuando comenzaba un nuevo proyecto en el garaje. Mi oración es que ellos también aprendan a amar "el caminar con Jesús", de maneras más grandes de lo que yo pueda haber alcanzado.

Mi agradecimiento también va a mis padres, Helen y Jake Goossen (mi padre falleció en 1998). Mi padre me animó y me amó de manera constante. Y aunque ellos no tenían ni idea de lo que era este ministerio cuando empecé en 1994, confiaron en el Señor que me llamó a hacerlo, oraron y me apoyaron continuamente.

También, agradezco a Lila Weber quien ha sido mi intercesora por los primeros quince años de ministerio con *Make Us Holy (Santifícanos)*. Ella muchas veces me ha animado y otras veces me ha corregido, cuando más lo he necesitado. A pesar de haber sufrido mucho y de tener muchos problemas personales, nunca ha dejado de interceder por mí. ¡Gracias!

También le doy gracias a John Abbott (Dartmouth, NS) y a Mardell Root (Manheim, PA), quienes se han entregado por completo en intercesión, por mí y por este ministerio, especialmente en estos últimos años. Nuevamente, sus palabras de ánimo tan oportunas me han ayudado a tener una mejor claridad sobre la visión y la dirección de Dios. John, tu tenacidad para "hablar sin tapujos" era lo que necesitaba para ver claramente lo que Dios estaba haciendo y lo que me estaba pidiendo hacer, a través de una evidencia de preponderancia. Gracias, John, por sugerirme el título: "Caminar en Adoración."

Gracias a mi asistentes administrativas Susan Baker (a 2007), Hilda Pries (a 2009), Carlene Hawley, quienes se encargaron de muchos de los detalles para completar este proyecto. Y a la Junta Directiva de *Make Us Holy* (*Santifícanos*) – Marie Fast, Darren McClelland, Matt Peters, Greg Reed, quienes creyeron en este proyecto, me animaron y me apoyaron en este último año y medio para que escribiera este libro. También agradezco a los antiguos miembros de la Junta Directiva, Gary Sharpe, Robyn Serez, Ryan Snider, John Cassels, Rick DeVrye, Greg Clarke, Ed Heinrichs, Ron Lugowski, Connie Maier, Hazel Reimer, Ingrid VanVlymen, Arnie Wohlgemut, Paul Woodburn, quienes, desde 1994, me ayudaron a poner en pie este ministerio y a hacerlo funcionar, estableciendo los cimientos para lo que Dios tiene preparado para el futuro.

¡Ahora, en cuanto al trabajo de traducción!

Cuatro personas hicieron la mayor parte del trabajo de traducción, sin las cuales este libro no hubiera sido posible. Muchas gracias a Amy Burton (Fresno, CA, Estados Unidos), Yeida Rodríguez y Oscar Bornacelli (Kitchener, ON, Canadá), y Carmina Pérez (Toronto, ON, Canadá). Además mi gratitud va a Luis Carlos Castillo (Antigua, Guatemala), que editó la copia final y a Juan David Gómez (Kitchener, ON, Canadá), que utilizó su pericia para la edición y corrección de textos, para así pulir el resultado final. Muchas gracias por aceptar la difícil tarea de tratar de hacer que la pasión de mi corazón fuera entendida claramente y fuera agradable de leer en su lengua materna –¡el lenguaje del cielo! Si escuchan a un hispano hablante a través de estas páginas, es gracias a su arduo trabajo.

Gracias también a Kevin Hawley quien diseñó la portada y a Heather Lee que tomó mi foto para la contraportada.

También agradezco a Dan Voth y StoreHouse Trust y otras personas que contribuyeron con fondos para cubrir los gastos de publicación y promoción de este libro.

Estoy seguro que he omitido a algunas personas en el camino. No ha sido mi intención. Más bien, estoy muy agradecido por todas las personas que a lo largo de los años, me han animado con llamadas, con correos electrónicos, o con su interacción personal para escribir todas estas cosas en el formato de un libro. El fruto de esas oraciones, esas conversaciones, y esos estímulos son lo que ahora tienes en tus manos.

Camina con Dios. Adórale siempre.

¡A Dios sea la Gloria!

Toda la Escritura es inspirada por Dios
y es útil para enseñarnos lo que es verdad
y para hacernos ver lo que está mal en nuestra vida.
Nos corrige cuando estamos equivocados
y nos enseña a hacer lo correcto.
2 Timoteo 3:16 (NTV)

PRIMERA PARTE

AL PRINCIPIO

Felices son los que oyen el alegre llamado a la adoración,
porque caminarán a la luz de tu presencia, Señor.
Salmos 89:15 (NTV)

INTRODUCCIÓN

COLOCANDO LOS CIMIENTOS

La adoración

La adoración nos cambia en la medida que busquemos quién es Dios.

La música siempre ha sido un medio poderoso para llevar la verdad sobre quién es Dios y sobre cómo nos llama a adorarlo. Hoy en día, la iglesia está tan enfocada en el poder de la música, que hemos empezado a confundir la música con la adoración. Hombres y mujeres bien intencionados, que honran a Dios, se involucran en pleitos amargos con sus hermanos y hermanas en Cristo, con respecto a cuál es el mejor estilo para expresar la adoración en una canción. Mientras oran por la renovación dentro de su iglesia, alejan sus ojos de Dios y los fijan en la música, como si esta fuera la que produjera la renovación.

Hoy en día, especialmente en la iglesia norteamericana, hemos puesto tanta energía en el poder de la música en los servicios semanales, que hemos empezado, sin darnos cuenta, a poner la música al mismo nivel de la adoración. Los creyentes cambian de iglesia según el estilo de música porque se sienten más a gusto adorando en un género específico. La renovación musical, aunque en sí misma no sea negativa, se ha convertido frecuentemente en la base de la renovación de la iglesia. Aunque deseamos y oramos por la renovación en nuestras iglesias, muchas veces apartamos los ojos de Dios y esperamos que sea la música la que encienda la renovación, cuando, históricamente, es la renovación la que genera nuevas formas y estilos de alabanza musical.

La música y la adoración no son sinónimas. La verdadera adoración nos cambia cuando Dios nos atrae a su presencia. No podemos seguir siendo los mismos. Cuando la imagen del Dios invisible cruza momentáneamente nuestros sentidos, somos quebrantados, completamente abrumados por la maravilla de un Dios que nos da el privilegio de su audiencia.

Cuando tenemos un encuentro con Dios, las trivialidades de las posesiones y las posiciones terrenales se hacen insignificantes en su presencia. No deseamos nada para nosotros, únicamente lo que podemos darle a Él. La luz, la vida y el amor se centran en la armonía de Su esencia, y en lo que Él desea. Este es un romance que se enfoca totalmente en el objeto de nuestro afecto. Nuestro ser se consume por dentro por el deseo de agradarle. El deseo y la pasión se frustran hasta que Él reciba el placer. Nuestras vidas se renuevan y se refrescan mientras nos enfocamos en darle la alabanza a Dios.

Dios es el creador todopoderoso. La creación declara su alabanza, desde que el sol se levanta hasta que se oculta. Toda la creación alaba su nombre. Dios proclama Su presencia en todo momento, nos invita a verlo, a reconocer Su huella en todo lugar, en todo lo que ha creado y continúa siendo la causa de su existencia. Cuando la visión de los adoradores cambia hacia Dios, ellos pueden reconocer sus huellas y ofrecerle su alabanza.

La música, como creación de Dios, es una poderosa herramienta que nos ayuda a abrirnos a la adoración a Dios. Como la música atrae nuestras emociones, esta tiene la capacidad de introducirnos a una experiencia sensorial para entender y expresar lo maravilloso que es Dios. Nuestras expresiones se transforman en algo más que una aprobación intelectual de lo que conocemos como verdadero, se trata de una interacción más profunda entre lo que sabemos y conocemos y la manera en que empezamos a experimentar esa realidad al mismo tiempo que impacta nuestras respuestas emocionales a esa verdad.

La renovación viene de la adoración. La verdadera adoración viene cuando reconocemos el poder y el amor de nuestro Dios. La verdadera adoración viene de la gratitud a nuestro Salvador, que en rendición absoluta, murió para que tuviésemos vida. La verdadera adoración viene de nuestros corazones preparados en humildad reverente, que comprenden que Jesús envió su Espíritu para consolarnos y para animarnos, para vivir en nosotros como nuestro guía, nuestro ayudante y nuestro amigo.

La adoración abarca todo nuestro ser: nuestras emociones, nuestro intelecto, nuestras relaciones, nuestra vida profesional. Nuestra expresión grupal de adoración invita a la renovación, cuando los adoradores se enfocan en su Dios. No en el estilo, ni en el formato, o en el ritual. Nuestra expresión privada de adoración invita a la renovación personal cuando los individuos comienzan a ver a Dios interactuando en sus vidas, en sus trabajos y en sus relaciones.

Muchas veces cuando camino con mi perro por la mañana, me atrae la maravilla de la creación de Dios. Ver al caracol cargando su hogar encima de él mientras cruza el sendero; descubrir al conejo mordisqueando la vegetación por debajo del follaje o ver la araña cuando teje su increíble red mosaico. Todo esto y más, me invita a reconocer a un Dios creador poderoso, me invita a ofrecerle mi alabanza.

Fue durante esos paseos con mi perro, que comencé a explorar las sorprendentes maneras en las que Dios manifiesta su presencia en su creación. Dios empezó a enseñarme que debía reconocer sus obras, sus atributos, sus cualidades y sus características, invitando mi adoración. Mientras el abría mis pensamientos, mi corazón y mi mente a la multiplicidad de maneras en las que Él se manifiesta en la vida, mi paradigma de adoración comenzaba a cambiar. Empecé a comprender que Dios deseaba que entregara mi vida en adoración. Él quería que caminara con Él y que lo alabara fuera del contexto dominical, más allá de la música, como el todo en mi vida.

Este libro se titula *Caminar en adoración: Donde la adoración se intercepta con la vida*. Creo que Dios desea que nuestras vidas reflejen una relación íntima y constante con Él. En Hechos 4:13, el sumo sacerdote y los miembros del concilio judío entrevistaron a Pedro y a Juan después de haber sanado al cojo, que se sentaba junto al templo. Ellos reconocieron que habían estado con Jesús. Los discípulos habían caminado con Jesús diariamente. Él no sólo les enseñó la verdad acerca de su Padre celestial, sino que les enseñó a vivir día a día, mientras caminaban con él.

Jesús quiere caminar con nosotros en todos los aspectos de nuestra vida, no sólo en el segmento que tenemos destinado para Él. Cuando caminamos con Él cada día y lo invitamos a interactuar con nosotros en nuestros deberes y en nuestras tareas cotidianas, Él comienza a conducirnos al tipo de adoración que no depende del tiempo, del lugar o de la posición, y que tampoco depende de la de música o del ritual. Él nos conduce a adorarlo en el viaje de nuestra vida –a hablar con Él, a obtener un mayor entendimiento de quién es Él, para de esta manera reflejar más de Él en un mundo que necesita verlo desesperadamente.

Él nos invita a caminar en adoración. Y esto es algo que va más allá de la música.

Mucha gente me ha animado a escribir este libro. Es una tarea de enormes proporciones, especialmente cuando veo la colección de libros y artículos que ya se han escrito con relación a este tema. Una Parte de mí suspira y está de acuerdo con el Rey Salomón, que escribe en Eclesiastés 12:12: "Ahora, hijo mío, a más de esto, sé amonestado. No hay fin de hacer muchos libros; y el mucho estudio es fatiga de la carne."

Escribo en obediencia al llamado de Dios, un llamado que es, en esencia, el centro de *Make Us Holy (Santifícanos),* el ministerio que fundé y al que he servido desde el año 1994. Deseo que los hombres y las mujeres, los jóvenes y los niños, regresen a adorar con reverencia, con solemnidad, con gozo y entusiasmo. Deseo que por medio de la oración, del discipulado y de la adoración, los cristianos puedan influenciar a sus amigos, a sus vecinos, a sus ciudades y a sus naciones para que se conviertan en adoradores del Dios verdadero. Deseo que los creyentes en todo lugar reciban "los ojos" para ver la gloria de nuestro Dios, interactuando con nosotros cada día, reconociendo su huella en cada actividad, y deseo que ofrezcan sus vidas como una ofrenda de olor fragante a Él, quien es Santo y Digno de nuestra adoración.

Oro para que este libro no sólo te motive a adorar a Dios en entornos grupales o congregacionales, sino que te motive a ir más allá, para que puedas encontrar muchas oportunidades de interactuar con Él mientras muestras tu adoración al vivir cada día en su presencia, percatándote de Él, hablando de Él, viéndolo, amándolo y viviendo para Él.

Bienvenido al caminar en adoración... donde la adoración y la vida se interceptan.

Conozco tus obras, tu duro trabajo y tu perseverancia.
Sé que no puedes soportar a los malvados,
y que has puesto a prueba a los que dicen ser apóstoles
pero no lo son y has descubierto que son falsos.
Has perseverado y sufrido por mi nombre, sin
desanimarte. Sin embargo, tengo en tu contra que has
abandonado tu primer amor.
¡Recuerda de dónde has caído!
Arrepiéntete y vuelve a practicar las obras que hacías al
principio.
Si no te arrepientes, iré y quitaré de su lugar tu
candelabro.
Apocalipsis 2:2-5

CAPÍTULO UNO

LA ESENCIA DE LA ADORACIÓN

El enfoque en Dios

Por más de sesenta años, los secretos y el encanto de "El Hobbit" (1937) y "El Señor de los Anillos" de Tolkien (1954/5) fueron un secreto bien guardado, saboreado por la fantasía y por los intelectuales de la literatura. ¡Después, Hollywood se apoderó del secreto! Y repentinamente, el mundo se avivó con los hombrecitos de pies grandes en una misión secreta para salvar a su propia gente. "El Este de Edén" escrito por Steinbeck (1952) permaneció inactivo en los estantes de las bibliotecas por más de 50 años, hasta que Oprah lo puso en su lista de libros favoritos en junio del 2003. Inmediatamente, hubo un aumento considerable en las ventas de este libro.

Vivimos en una época en la que cualquier cosa que sea buena, y a veces no tan buena, es empacada, reempacada, comercializada y vendida. El éxito atrae a la gente. Si suficientes personas dicen que algo es bueno, pues ¡entonces debe de ser bueno! Productos, libros, películas, etc. Lo vemos todo el tiempo en nuestra sociedad.

Y desafortunadamente, la iglesia no se salva de este fenómeno.

Mi corazón se llena de tristeza cuando descubro que la alabanza también ha sido empacada y vendida con carteles y fondos de pantalla para computadora. En muchas maneras, la adoración se ha convertido en un artículo de consumo.

Y el empaque más exitoso es el de la música cristiana de alabanza.

La adoración por medio de la música no es algo nuevo. Las tradiciones y los estilos musicales pueden haber cambiado, pero en la tradición de la comunidad judía y de la iglesia cristiana, la música siempre ha sido un poderoso componente en la adoración individual y colectiva.

En los últimos 25 años, la iglesia ha participado en un cambio de estilos musicales. El cambio es muy similar al cambio que ocurrió desde mediados hasta fines del siglo XIX, y al igual que la iglesia de aquel entonces, la iglesia actual, también tiene dificultades con el cambio. Cuando se inician los cambios, muchas personas buenas y honestas sospechan si el cambio realmente viene de Dios. A través de la historia del cristianismo, la iglesia ha luchado y ha cuestionado todos los cambios dinámicos y significativos.

Pensemos en los primeros cristianos. Hombres y mujeres comunes y corrientes que estaban convencidos que un rebelde de la tradición judía, crucificado como un ladrón cualquiera era el Hijo de Dios. Los líderes judíos de las sinagogas estaban furiosos. Estos líderes lucharon y mataron por causa de ese hombre en la historia.

Una nueva era empezó.

El día 31 de octubre de 1517, un joven llamado Martín Lutero clavó sus 95 tesis en la puerta de una iglesia católica romana en Wittenberg, Alemania. ¡Ahí se armó la gorda! Los reformadores cuestionaban la autoridad del Papa. Más adelante, los anabaptistas reformadores se unieron a la reforma, cuestionando la unión entre la iglesia y el estado. Ellos cuestionaban la práctica de las indulgencias y sugerían que la gente podía convertirse en creyentes solamente por medio de la fe, y que las Escrituras eran para que cada persona las escuchara en su propia la lengua. Los reformadores desafiaron radicalmente el pensamiento y las prácticas de adoración de la iglesia institucional; los líderes de la iglesia estaban bastante descontentos.

Hoy en día, cientos de miles de iglesias están en pugna. Aunque gran parte del conflicto radica en el cambio en los estilos de alabanza, este no es en sí el verdadero centro del conflicto. El Conflicto es exactamente el mismo que se daba en los días de Cristo y en los días de los primeros reformadores. Los líderes de la iglesia que ya no enfocan su ministerio completamente en la adoración a Dios son líderes que han perdido su primer amor.

Aunque suene simplista, la Biblia tiene muchas advertencias para nosotros con respecto a abandonar nuestro primer amor y permitir que otras cosas ocupen su lugar. En Apocalipsis, Jesús elogia a la iglesia por negarse a tolerar la maldad y por ser paciente en su sufrimiento, pero el prosigue: "Sin embargo, tengo en tu contra que has abandonado tu primer amor. ¡Recuerda de dónde has caído!" (Apocalipsis 2:4-5)

¡Qué fácil es alejarse de nuestro primer amor! Las distracciones de la familia, el ganar el sustento diario, las reuniones y los programas en la iglesia, el cuidado de nuestras posesiones, la educación… y la lista continua.

Cuando uno pierde su primer amor, es fácil reemplazarlo con leyes, reglas y ritos. Es fácil para nosotros identificar la hipocresía y la arrogancia de los rabinos judíos que contaban cuántos pasos podía dar alguien el día sábado antes de que fuese considerado trabajo. Es fácil para nosotros criticar a los sacerdotes que estaban más interesados en llenar las arcas de la iglesia que en servir a sus feligreses.

Es difícil para nosotros ver el dolor y la agonía que nuestro Dios experimenta cuando concentramos nuestra atención en el estilo, en los instrumentos musicales y en los formatos.

Bruce Leafblad, profesor de música de alabanza en el Seminario Teológico Bautista del Suroeste en Texas, escribe:

> A lo largo de la historia de la iglesia, nunca ha ocurrido ninguna renovación significativa por medio de las formas y los formatos, y lo mismo ocurre hoy en día. La gran necesidad de la iglesia de hoy

> no es aferrarse a lo antiguo ni crear nuevas formas ni formatos. Actualmente, la gran necesidad es recuperar la prioridad en Dios, en nuestra adoración y en todo lo que constituye nuestra vida. La crisis actual de la adoración no es una crisis de forma, sino de espiritualidad (Bruce H. Leafblad, "Adoración 101", *Revista del Líder de Alabanza*, Noviembre/ Diciembre 1998, p. 25).

Cuando Jesús habló con la samaritana en el pozo en Juan 4, Él reveló algo simple pero profundo sobre el tipo de adoración que el Padre desea. La mujer samaritana quería oír del propio profeta judío, cuál era el lugar "correcto" de la adoración.

La respuesta de Jesús es reveladora. Él le dice que el lugar no es lo importante. Al parecer, a Dios Padre, no le preocupan mucho los que se aparecen en un lugar y momento determinado. En cambio, Él espera a los que adoran en espíritu y en verdad. La sencillez de estas dos características de un verdadero adorador a menudo se pierde en nosotros. En cambio, intentamos explicar lo que es un verdadero adorador en el contexto de la adoración colectiva, la cual, me temo, no capta la idea de Jesús en lo absoluto.

Jesús le recordó a la mujer que Dios es Espíritu. Ningún Judío o Samaritano tendría problemas con esta declaración, pero el hecho de que Él repite dos veces que Dios busca a aquellos que adoran en espíritu y en verdad (vv. 23, 24) nos da un indicio de su importancia. Ella estaba preocupada por ir al lugar correcto, en el momento correcto, en el día correcto y en la montaña correcta. Jesús le recordó que Dios es Espíritu. No se puede limitar a Dios a un lugar. Él no puede ser contenido en el Arca de la Alianza en el Santo Sanctorum del templo, aunque Él permitió que su presencia (o parte de su presencia) residiera allí por un tiempo. Él es espíritu, y el espíritu no se contiene o se limita al espacio, al tiempo o a un lugar. Los verdaderos adoradores, los que Dios busca, nunca se limitan o segmentan su adoración a Dios a un momento, lugar, ubicación, formato, etc.

Y en este lado de Pentecostés, Jesús también nos ha dado su Espíritu Santo para que podamos estar en constante comunión con Él. Los verdaderos adoradores lo entienden y hacen todo lo posible para comprometerse con Jesús en todo momento, en cualquier lugar y en todas partes.

Jesús también le dijo a la samaritana que la verdad es la segunda característica del tipo adoradores que Dios busca. Adorar en verdad tiene dos aspectos. En primer lugar, adoramos a Dios con un corazón abierto y sincero. No adoramos con una máscara puesta, si no con la realidad de nuestra condición, no fingiendo ni poniendo cara feliz cuando estamos afligidos, no llorando cuando estamos llenos de alegría. Adoramos a Dios como lo que somos, con lo bueno, lo malo y lo feo.

En segundo lugar, la verdad tiene que ver con la integridad. Las palabras integridad y verdad tienen el mismo origen. A menudo las vemos como casi idénticas, pero el concepto de integridad nos da una visión más amplia de lo que en mi opinión, Jesús nos trata de enseñar en este pasaje. Integrar algo es hacer que sea una parte integral de la totalidad. Cuando hacemos un pastel, mezclamos los líquidos en la harina y otros ingredientes secos hasta que estos se entremezclan completamente y son inseparables el uno del otro.

Los adoradores que el Padre busca son aquellos que integran la realidad de su Espíritu, accesible en todo momento, al tejido de su existencia de manera que, con el tiempo, los hilos de su presencia se entrelazan e impregnan todo el mosaico de su vida como parte inseparable de la totalidad. Dios busca adoradores que busquen activamente de hacer su Espíritu y Presencia una parte integral de sus vidas, en cada momento de cada día. Esos son los verdaderos adoradores que el Padre busca, y cuando lo entendemos, no sólo cambian nuestras reuniones de adoración, sino también el impacto que Él tiene sobre todos los aspectos de nuestras vidas será de transformación, tanto personal como global.

La esencia de nuestra adoración es el enfocarnos en Dios —amarlo, conocerlo, desear lo que Él desea y participar en lo que Él está haciendo. Necesitamos redescubrir el anhelo de la presencia de Dios en cada aspecto de nuestras vidas. Esto es algo que no debería suceder solamente el domingo por la mañana, sino que debería estar presente en todas las facetas de nuestra vida. Nuestra adoración a Dios, el reconocer que Él está obrando en nosotros, debería entrelazarse en todas nuestras actividades.

Somos hijos de un Dios vivo. Qué hermoso es cuando el ADN de nuestro Padre celestial se inserta en cada parte de nuestra vida cotidiana. Vivir una vida de adoración no se limita a un servicio o a un edificio. Fuimos creados para adorarle y no dejamos de ser Su creación cuando salimos de la iglesia. No tenemos una vida separada de Dios para que Él participe únicamente en los momentos del día en los que le permitimos estar. Dios siempre está obrando en nuestras vidas. Él está interesado en conocernos íntimamente. Él nos esculpe en la palma de su mano y nos conoce por completo (Isaías 49:15-16). Él nos invita a una vida de adoración, no una vida enfocada en nuestros deseos y preferencias, sino en Él y en sus obras en el mundo. Una vida en la que podamos exaltarlo y alabarlo continuamente en medio de la monotonía del trabajo, del drama o del éxtasis, pues nosotros podemos ver más allá de nuestra propia existencia y reconocer su obra en nosotros y a través de nosotros.

Yo aborrezco sus fiestas religiosas;
no me agradan sus cultos solemnes.
Aunque me traigan holocaustos y ofrendas de cereal, no los aceptaré, ni prestaré atención a los sacrificios de comunión de novillos cebados.
Aleja de mí el bullicio de tus canciones;
no quiero oír la música de tus cítaras.
¡Pero que fluya el derecho como las a guas,
y la justicia como arroyo inagotable!
Amós 5: 21-24

CAPÍTULO DOS

LA ADORACIÓN Y EL ENTRETENIMIENTO NO SON SINÓNIMOS

La adoración es para Dios

La adoración deja de ser adoración cuando nuestro enfoque se empieza a desviar hacia el estilo, la preferencia y el formato. Es pecado cuando discutimos dentro de nuestras congregaciones a causa de los formatos, también cuando criticamos y excluimos a las personas por su adoración sincera en un estilo que no es de nuestra preferencia. Cuando hacemos esto no actuamos como hijos de Dios.

En los últimos 30 años, la iglesia cristiana ha experimentado un cambio vital y significativo. El cambio no se ha limitado a denominaciones específicas o regiones geográficas. La mayor parte del cambio ha girado en torno a la música. Este cambio tiene el potencial de revolucionar a una iglesia indiferente y moribunda…

Pero sólo si rehusamos a someternos a las artimañas de nuestro enemigo.

Parte del panorama de ese cambio ha ocurrido porque Dios está renovando a su pueblo. Dios está atrayendo a las personas hacia Él para que desarrollen una mejor intimidad y un mejor entendimiento. Ha estado llamando a sus seguidores a adorarlo en espíritu y verdad. Nos llama a que volvamos a tener una relación vital y viva con Él. Y mientras su pueblo responde a Su llamado, a Su invitación, como resultado, empiezan a surgir nuevas canciones.

La juventud, inconforme e idealista, ha buscado a Dios de nuevas maneras porque sus corazones han sido tocados por el corazón de Dios. Los Baby Boomers se han movido hacia nuevos estilos de adoración porque el cambio trae consigo un sentido renovado de Dios, y también trae el entendimiento de que Dios está haciendo cosas nuevas en sus vidas.

Llama la atención, cuando las personas experimentan una vitalidad que ha cambiado sus vidas respecto a su relación con Dios. No solamente queremos escuchar historias acerca de vidas transformadas, sino que, de alguna manera, queremos ser partícipes de ellas. Leemos acerca de sus vivencias, cantamos melodías producto de sus experiencias, compramos música y copiamos esas mismas canciones en nuestras iglesias.

Estas nuevas canciones son expresiones de nuestra cultura, escritas en el lenguaje que usamos hoy en día y en el estilo musical que es conocido en nuestra generación. Ellos expresan su amor y devoción a Dios en melodías y palabras que se escuchan habitualmente en las calles. La gente entiende las líneas melódicas y la instrumentación. Entienden, en lenguaje común, las palabras que usamos para declarar reverencia a un ser espiritual, porque parte de lo que ocurre a menudo en la renovación, es que nos reimaginamos y readaptamos nuestro lenguaje para reflejar mejor nuestra época actual. La renovación nos ayuda a entender que la iglesia y la vida son una misma, y que las palabras que utilizamos en nuestra iglesia no son simplemente "palabras religiosas" sólo para los domingos. Las palabras que usamos en nuestra iglesia deben ser las palabras que utilizamos a diario. Cuando empezamos a separar y fragmentar nuestras vidas entre la "iglesia" y lo "secular", nos arriesgamos a relegar Dios a un segundo plano.

A mediados de los ochenta esta nueva música de adoración era dominada por una audiencia joven. Los padres de familia y los líderes de la iglesia ingenuamente creyeron que una vez que el joven baterista y el guitarrista novato se graduaran de la secundaria, llegarían a convertirse en líderes de la iglesia y volverían respetuosamente a ser fieles a las tradiciones de la misma, olvidando que lo que ellos llamaban "la antigua" tradición era realmente el estilo que había predominado desde unos 80 o 150 años atrás. Pocos son los lugares en donde todavía se mantienen las verdaderas tradiciones "antiguas" como los cantos gregorianos, la música polifónica de sus inicios, o los cantos anglicanos sencillos. Aún las corales luteranas, en su mayoría, han sido modificadas con melodías más modernas (una referencia de un correo electrónico del Dr. Peter Davids, 14 Oct. 2004).

Pero la nueva música de alabanza se conectó con los corazones de los jóvenes y fue allí donde Dios se encontró con ellos. La música fue un instrumento para tender un puente entre la sociedad y la iglesia. Esta Llevó las pasiones de nuestra vida cotidiana hacia una expresión espiritual y a una experiencia con Dios.

Muchos nuevos adoradores encontraron por medio de la música una nueva experiencia con Dios, muchos creímos en una verdad a medias. Pensamos que el formato era la renovación. Esperábamos con ansias la próxima conferencia sobre adoración, el próximo evento de adoración, o el próximo gran CD de adoración para experimentar una vez más la cercanía con Dios. Buscábamos con ansias la próxima canción ungida de adoración o el próximo talentoso líder de alabanza para que nos llevara hacia ese lugar donde pudiéramos sentir la presencia de Dios, pues ya canciones que habían salido el año anterior no parecían tener el mismo efecto.

Es verdad que la música nos tocaba y de alguna manera nos abría a la posibilidad de responderle a nuestro amado Dios con todo nuestro ser. Pero fuimos ingenuos al creer que la música era la que nos cambiaba. En nuestro pensamiento equivoco, empezamos a categorizar la adoración como música. Y comenzamos a promover nuestras canciones como "la adoración" que iba a transformar el corazón de las personas.

Un mercado completamente nuevo fue creado. CDs de adoración, estrellas de la música cristiana, conferencias de adoración y programas de adoración en radio y televisión. Al mejor estilo norteamericano, la adoración se convirtió en una rentable industria capitalista.

Aquí es donde tenemos que detenernos.

Necesito que me entiendas. Amo la música, me identifico con ella. La música me puede acomodar en la presencia de Dios. La música es un vehículo poderoso para llevar nuestra alabanza y adoración al cielo; pero solo es un canal. El mejor vehículo para transmitir la alabanza y la adoración a Dios es un corazón renovado. Un corazón renovado, un corazón apasionado en la búsqueda de Dios encontrará una manera para expresar la adoración a Dios sin importar el contexto, el canal, el estilo musical o el escenario en que se encuentre.

Un domingo por la mañana fui al servicio de adoración anhelando tener un encuentro con Dios. Estaba lejos de casa y fui a una iglesia a la que nunca había ido antes. Cuando el director de alabanza comenzó a cantar, mi corazón se desanimó. Esto no era lo que yo deseaba. Entonces exclamé y dije: "Dios, deseo tanto alabarte, pero con esto no puedo..."

Entonces, Dios me habló gentilmente dulcemente: "Gareth, ¿realmente quieres adorarme?"

¡Qué pregunta, Dios mío! Por supuesto, Dios, tú sabes cuánto quiero adorarte. ¿Qué me quieres dar a entender con esto?

Después de un momento breve y cargado, El continuó diciéndome: "... ¿o lo que quieres es cantar las canciones que te gustan?"

Y así de sencillo, fui confrontado con un dilema que yo mismo creé. ¿Mi corazón realmente deseaba adorar a Dios o solamente deseaba cantar aquellas melodías que tanto me gustaban? La verdad, para mí, cantar las canciones que mas me gustan y con las que más me identifico, me facilitan el acercarme a Dios a la hora de estar en un servicio colectivo o individual. Así que no era solamente cuestión de entonar canciones que no me gustaban o con los que no me identificaba, era una cuestión de prioridades.

Dios continuó diciéndome: "Porque si realmente me deseas adorar ¡Lo puedes hacer! Me puedes adorar en cualquier lugar, en cualquier idioma, con cualquier canción, con cualquier persona que este dirigiendo o sin canción alguna... si existe en tu corazón el deseo de hacerlo."

Había caído victima de la comodidad en la tradición de la adoración a la que estaba acostumbrado. El formato se había convertido en una llave para la adoración, pero no para la adoración a Dios.

La adoración no tiene que ver con la música, no tiene que ver con el estilo, no tiene que ver con el formato, no tiene que ver con el entretenimiento, no tiene que ver con el idioma, ¡La adoración tiene que ver con conectar tu corazón con El! ¡Tiene que ver con desearlo que El reciba tu alabanza!

Lentamente, y confieso que a regañadientes, comencé a centrarme en Dios. La música se convirtió en algo secundario y el Señor se convirtió en el centro de mi atención. Aunque el estilo y la presentación no fueran de mi predilección, el momento de la adoración colectiva se convirtió en una bendición para mí, y aún más importante, se convirtió en una bendición para Dios.

En nuestra búsqueda de obtener la música de alabanza más reciente o la alabanza que esté de moda, nos olvidamos de que la adoración no se trata de ser moderno o de ser tradicional. La adoración no se trata de lo que a mí me gusta o de lo que yo quiero. La adoración no se trata de la nueva canción de alabanza ungida o del himno antiguo. La Adoración no se trata de sentirse bien. ¡La adoración no se trata de mí!

Aquellos a quienes se les ha dado el don de dirigir al pueblo de Dios en adoración deben enfocarse en guiar a los adoradores a un lugar en donde puedan extender con entusiasmo su adoración a Dios, en donde puedan encontrar a Dios con su sacrificio de alabanza. Dios es flexible con la música, con cualquier tipo de música. El estilo musical más novedoso o la pieza musical más antigua realmente no tienen ninguna relevancia para Él. A Él solo le interesa una cosa, el corazón del adorador.

¡La alabanza es para el Señor!

Creo que éste es el concepto más importante para poder entender lo que es la adoración.

A la larga, no se trata de la postura, no se trata de las letras de las canciones; de la música o del estilo; No se trata de la interpretación, de la inclusión, del entretenimiento o de la presentación.

La alabanza, para que sea verdaderamente comprendida y a la vez practicada, debe de ser únicamente para Dios. Él es el Alfa y la Omega. El es el precursor y el fin. El es el conductor y la audiencia. El debe de ser el único enfoque.

Nosotros ni siquiera entramos en la escena, excepto como un instrumento útil en sus manos para elevar su alabanza. La adoración a Dios no existe para nuestro deleite sino para Su deleite. Dios desea reunir todas las cosas en Cristo, en el cielo y en la tierra, para que todos los que hayamos puesto nuestra fe y esperanza en Él, podamos elevar nuestra adoración a nuestro glorioso Dios (Efesios 1:10-12.) ¡Se trata de Él! Y no se trata de nosotros.

Lo amamos porque Él nos amó primero (1 Juan 4:19). Nosotros no lo escogimos a Él, Él nos escogió en Cristo Jesús para que fuésemos santos, apartados para Él (Efesios 1:4). Fuimos creados a su imagen para la alabanza de Su nombre (Isaías 43:5-7).

No se trata de nosotros. ¡Se trata de Él!

Paul Oakley, líder de alabanza y compositor de Inglaterra, escribió una canción titulada "Se trata sólo de Ti, Jesús" (Jesús, el amante de mi alma) que contiene este coro:

Todo se trata de ti, Jesús
Y todo es para ti
Para tu gloria y tu fama
No se trata de mí
Como si hicieras las cosas a mi manera
Tu eres el único Dios
Y me entrego a Ti

La adoración se basa en Él, Él amante de nuestras almas. Lo adoramos para que Él reciba la gloria. Lo adoramos cuando hacemos alarde de su fama, al enorgullecernos de su obra en nosotros y en la creación. Lo alabamos por su grandeza y por su poder, por su bondad, su misericordia y su amor.

No poseemos los medios suficientes para poder honrarlo y glorificarlo, con excepción de lo que Él nos da: con nuestra voz, nuestros dones y talentos; al levantarnos y al acostarnos; nuestras acciones; al respirar cada día y en nuestras vidas.

Esto nos lleva a que pongamos nuestra mirada en Aquel que nos creó para adorarle. Él es el centro de la adoración. No se trata de nosotros.

Esto no quiere decir que nosotros no experimentemos nada cuando le adoramos. ¡Todo lo contrario! Dios es un padre amoroso y a Él le gusta mucho revelarse a nosotros. Le gusta mucho reafirmar su amor por nosotros. Le gusta mucho hablar con nosotros, para animarnos, para guiarnos y corregirnos.

Nos anima cuando estamos desanimados. Llora con nosotros y nos abraza cerca de su corazón cuando estamos en medio de algún sufrimiento. Danza con nosotros mientras celebramos su bondad y espera con paciencia, nos llama suavemente, cuando le damos la espalda con ira y nos rehusamos a adorarle

Como en un matrimonio saludable, cuando nos entregamos sin egoísmo a nuestro cónyuge recibimos algo a cambio de parte de ellos. Pero nuestro deseo de darle algo a nuestro cónyuge no debe estar condicionado por la respuesta que vamos a recibir a cambio por el regalo que le hicimos. En última instancia, si fuera de esa manera, nuestro regalo de amor seria egoísta y nuestro amor seria condicional. Más bien, deberíamos amar a nuestro compañero de vida porque ellos son el objeto de nuestro afecto. Nos complace darles algo, sin importar que haya o no haya una respuesta positiva de parte de ellos hacia nosotros. Nuevamente, en un matrimonio saludable en donde cada uno de los cónyuges desea edificarse mutuamente, cada uno recibe lo que da.

Dios siempre está manifestando Su presencia a su pueblo. Él siempre nos responde. Desea que entendamos Su palabra. Desea que conozcamos Su orientación y Su dirección. Él no sólo nos responde cuando le adoramos, Él nos responde en todo momento.

Pero, nosotros no le alabamos por el simple hecho de sentir su presencia, o para que Él nos hable. Eso es comenzar con el pie izquierdo. Le adoramos porque Él es digno de ser alabado. Le adoramos porque Él está continuamente manifestándonos su presencia. Lo adoramos porque ya no queda nada de valor a lo que podamos aferrarnos.

Nuestra alabanza es la respuesta de la creación a la maravilla del Creador y nuestra necesidad de extendernos hacia Él. Es para lo que fuimos creados. Todo lo creado proclamará la existencia (realidad) del Creador.

Hoy, la industria de la música de alabanza ha creado entre los creyentes una "necesidad" de una adoración, que más les impacte (a "ellos"). Cuando nuestra alabanza se basa en el sube y baja de nuestros sentimientos y en nuestro sentido personal de sentir solo la experiencia, nos convertimos en seguidores del estilo más que en seguidores de Dios, nos convertimos en adoradores de la adoración y no en adoradores de Dios. Empezamos a necesitar la música de alabanza para sentirnos llenos y ávidamente empezamos a buscar al que puede llenar esa necesidad.

Nos hemos convertido en consumidores de la música de adoración y no en adoradores de Dios, persiguiendo apasionadamente Su presencia.

Nos hemos convertido en expertos conocedores del fenómeno de la música de adoración, siendo exageradamente entusiastas con nuestra canción favorita y siendo críticos, llegando al extremo de juzgar, lo que no se ajuste con nuestros altos estándares respecto a la adoración ungida.

Debemos ser honestos. Nuestra cultura contemporánea es una cultura basada en el deleite personal. Adulamos a las estrellas de la música, la vida de los ricos y famosos. Hemos caído en lo profundo del exceso del entretenimiento y en la complacencia personal que logran presentar los "reality shows" de la Televisión en la vida "real" de las personas. Nos entretiene ver a la gente escoger cónyuges, ir a aventuras exóticas y ver parejas casadas expuestas a tentaciones extremas, sólo para poder ver lo que les ocurre.

Cuando nos reunimos como cristianos, somos tentados a recrear ese mismo ambiente, un ambiente hedonista. Muchas veces somos guiados por lo que más nos entretiene; algo que nos haga sentir que hemos invertido bien nuestro tiempo. Incluso escogemos nuestra iglesia porque el servicio del día domingo es una hora cargada con el mejor espectáculo.

Intercambiamos mutuamente nuestras opiniones sobre las experiencias que tenemos en la adoración, de la misma manera que lo hacemos con las películas y con la música secular: "¡Wau! ¡Qué película tan mala!" o "¡La alabanza de hoy no valió la pena!"

Evaluamos nuestra experiencia de adoración con la misma vara que utilizamos para evaluar el entretenimiento. "Hoy la iglesia estuvo aburrida". "¡Que increíbles estuvieron las improvisaciones del guitarrista líder!".

Nuestras expresiones críticas reflejan una actitud que se enfoca en el "yo". ¿Qué obtuve o qué no obtuve de esta experiencia?

Es fácil ver cómo esto ocurre. Es maravilloso seguir a un talentoso y dotado líder de alabanza durante la adoración. Pero algunas veces empezamos a ver al líder de alabanza como si él fuera el que hace que la adoración suceda. Tendemos a enfocarnos en su talento, en sus dones y en sus habilidades en lugar de observar que el Espíritu de Dios está obrando a través de él y a través de sus habilidades.

Matt Redman es un talentoso líder de alabanza que sirvió en la iglesia "Soul Survivor" en Watford, Inglaterra a finales de los noventa. El pastor de la iglesia, Mike Pilavachi, luchaba con la tentación de hacer a este líder el centro de la adoración. Esta es su perspectiva:

Desde que inicio Soul Survivor, siempre se le ha dado suficiente tiempo a la adoración por medio de la música. Durante años, la gente ha entregado sus corazones a Dios a través de este medio y como resultado existen muchos ejemplos de cosas grandes que han acontecido. Sin embargo, hubo una etapa en la que nos dimos cuenta que algo estaba ocurriendo con nuestra alabanza

Al principio, fue difícil identificar el problema. A primera vista todo parecía estar bien: los músicos tenían afinados sus instrumentos, los técnicos de sonido llegaban puntualmente. Cada servicio contenía un bloque de canciones que se enfocaban en la cruz y les daba la oportunidad a las personas de interactuar con el Señor. Para facilitar esto, la música estaba actualizada, no había sillas y las luces eran tenues. ¿Qué mejor ambiente podrían tener los jóvenes para adorar a Dios?

No obstante, parecía que habíamos perdido la chispa. Parecía que estábamos siendo guiados por las emociones, me di cuenta que aunque estábamos cantando, nuestros corazones estaban lejos de Él. ¿Sera que Era Matt Redman el culpable? Lo escuche detenidamente. Y como de costumbre, él no estaba desafinado. Entonces un día me percaté; nos habíamos convertido en conocedores de la alabanza en vez de ser participantes activos de ella.

En nuestros corazones, le estábamos dando al grupo de alabanza calificaciones del 1 al 10: "¡Esa canción otra vez, NO!" "No puedo escuchar el bajo, me gusta más como canta ella." Habíamos convertido a la banda en intérpretes de la adoración y a nosotros mismos en su audiencia.

Nos habíamos olvidado que TODOS nosotros somos los intérpretes de la adoración y que Dios es la audiencia. Habíamos olvidado que el sacrificio es algo esencial en la adoración bíblica. Somos llamados a ofrecer nuestros cuerpos en sacrificio vivo; este es NUESTRO culto espiritual (Romanos 12:1). Somos llamados a ofrecer nuestro sacrificio de alabanza (Hebreos 13:15).

Fuimos retados a preguntarnos individualmente: "Cuando entro por la puerta de la iglesia, ¿Qué es lo que traigo yo como contribución para alabarle?" La verdad vino a nosotros: la adoración no es un deporte para espectadores, no es un producto moldeado para el gusto del consumidor. No se trata de lo que podemos obtener de ella; se trata de Dios (Paul Martin, "When The Music Fades: The Eternal Truth Behind 'The Heart of Worship'") [Cuando la música se desvanece: La verdad eterna escondida detrás del corazón de la adoración" (o Al estar frente a ti)] Publicación en línea, marzo de 2006.< http://www. soulsurvivorusa.com/articles/theheartofworship.htm>)

Los líderes de la iglesia hicieron algo osado y extremadamente arriesgado: quitaron la música. Aquello que se había convertido precisamente en la atracción de la iglesia, fue suprimido. Comenzaron a traer de vuelta a Dios la atención de los adoradores. Lo hicieron eliminando el entretenimiento.

Como resultado de esa experiencia, Dios renovó el corazón de Matt y la música regresó.

AL ESTAR FRENTE A TÍ

Al estar frente a Ti
cuando ya no importa más
lo que hay en mi derredor
Queriendo traer
algo digno que
te pueda bendecir
Te traigo más que una canción
porque tan solo una canción
no es lo que pides de mí
Tú ves más dentro en mí
más profundo en mi ser
Tú miras mi corazón

Coro

Te adoraré como debo hacerlo,
pues se trata de Ti
solo de Ti, Cristo

Perdóname cuando me he desviado,
de adorarte a Ti
solo a Ti, Cristo

Rey de gran valor
no puedo expresar
Tú mereces más
Aunque débil soy
todo tuyo es
cada suspirar

Cuando escuché esta historia por primera vez, ¡me sentí tan conmovido hasta el punto de llorar! Como pastor y líder de alabanza comprometido con la enseñanza, el entrenamiento y la dirección de esta por muchos años, tenía que admitir que mi experiencia de alabanza colectiva de los domingos por la mañana se había convertido exactamente en eso: una oportunidad para evaluar y para criticar. Y cuando otros líderes no lograban llegar al nivel óptimo en esa mañana, yo deseaba haber dirigido porque ¡yo lo hubiera hecho mejor!

¿Puedes escuchar el coro, "pues se trata de mi, Jesús? ¿Y todo esto es para mí para mí gloria y mi honra...?"

Como ven, la adoración y el entretenimiento no son sinónimos. Solo porque un talentoso grupo de alabanza nos ha entretenido, o porque por el ritmo y la fluidez nos ha atraído, o porque el repertorio de nuestras canciones favoritas nos ha conmovido, no significa que hemos alabado al Señor.

Es fácil desenfocarnos de Dios y concentrarnos en el formato. Nunca podremos convertirnos en verdaderos adoradores de Dios si no aprendemos antes este primer principio fundamental.

La alabanza es para Dios y únicamente para Él.

Jesús le respondió: —Nadie que mire atrás después de poner la mano en el arado es apto para el reino de Dios.
Lucas 9:62

CAPÍTULO TRES

EL COSTO DE LA ADORACIÓN

Muriendo a mí mismo y viviendo para Cristo

Parece un poco irónico hablar de "costo" y "adoración" en un mismo contexto. ¿Cómo puede ser que la adoración, una experiencia tan maravillosa, tenga un costo?

Servir a Dios tiene un costo… un costo que muchos de nosotros no hemos podido calcular en su totalidad. En este punto en particular nuestra teología es un poco caótica. Por algún motivo, muchas veces tratamos de vender el evangelio como algo que mejora nuestras vidas, algo así como un aditivo para la gasolina de tu vehículo.

Pero escuchemos las palabras de Jesús:

> Porque el que quiera salvar su vida, la perderá; pero el que pierda su vida por mi causa y por el evangelio, la salvará. (Marcos 8:35)

> El que quiere a su padre o a su madre más que a mí no es digno de mí; el que quiere a su hijo o a su hija

> más que a mí no es digno de mí; y el que no toma su cruz y me sigue no es digno de mí. El que encuentre su vida, la perderá, y el que la pierda por mi causa, la encontrará. (Mateo 10:37-39)
>
> Y el que no carga su cruz y me sigue, no puede ser mi discípulo. (Lucas 14:27)

¿Saben?, no se trata de nosotros. Se trata de Dios.

Parte del costo de la adoración a Dios, es que debemos renunciar voluntariamente a enfocarnos en nosotros mismos. Henry Blackaby, en su libro *Experiencia con Dios*, nos da una perspectiva única de la voluntad de Dios (Henry T. Blackaby & Claude V. King, *Experiencia con Dios*. Nashville: Broadman & Homan Publishing Group, 2009). Él escribe, que nosotros muchas veces le pedimos a Dios en oración que nos muestre Su voluntad, como si nuestras vidas fueran lo más importante. Blackaby desafía nuestra perspectiva de la voluntad de Dios para ayudarnos a entender que fuimos creados para servirlo. La esencia de Su voluntad es que nosotros seamos parte de Sus propósitos más grandes. Si no cumplimos con la tarea que Él nos designa, llamará a alguien más para realizarla. La voluntad de Dios para nuestras vidas es que vivamos fielmente una vida de adoración. Las tareas que Él nos llama a realizar cumplen Su voluntad.

Muchas de nuestras oraciones, a pesar de que van dirigidas a Dios, se concentran en nosotros: "Dios, bendícenos en este esfuerzo"; "Señor, trae sanidad a las partes cancerosas de mi cuerpo"; "Padre, ayúdame a realizar bien mis tareas"; "Jesús, lléname con el poder de tu Espíritu Santo".

No hay nada antibíblico en estas oraciones. En realidad, se encuentran reflejadas en numerosas oraciones en toda la Biblia. Las Escrituras incluso nos dicen que presentemos delante de Dios todas nuestras peticiones (Filipenses 4:6). Estas son buenas oraciones, pero observa el objeto de las mismas. A pesar de que reconocen y honran la habilidad de Dios de proveer para su pueblo, están básicamente centradas en nosotros: nuestras necesidades, nuestras carencias, nuestros deseos.

El centro de la verdadera adoración no está en nosotros o en nuestras necesidades; el centro de la verdadera adoración está en Dios.

La adoración implica dirigir voluntariamente nuestros pensamientos, oraciones, canciones y acciones hacia Dios. ¡Las Escrituras dicen que tenemos que bendecir al Señor! (Deuteronomio 8:10; Salmos 72:18; 134:1-2; etc.) Tenemos que elevar nuestras voces, nuestras vidas en alabanza al Dios de nuestra salvación. Dios nos invita a que participemos. Él nos induce a alabar de muchas formas. Pero la decisión de alabar es voluntaria.

La adoración no es un deporte para los espectadores. No es algo para observar, sino algo en lo cual participamos. Dios nos induce a hacerlo. Nosotros decidimos a actuar y luego dirigimos nuestra alabanza a Dios. La adoración se centra en Jesucristo; quien demostró el amor del Padre y completó el pago de nuestra salvación con Su muerte y resurrección.

La adoración implica darnos a Dios, permitiéndole a Él ser el centro de nuestra vida y nuestra actividad. Las Escrituras están llenas de versículos que nos exhortan a entregarnos al Señor. 1 Crónicas 22:19 dice: "Ahora, pues, busquen al Señor su Dios de todo corazón y con toda el alma."

¡Comparemos la realidad!

Cuando adoramos morimos a nosotros mismos y le entregamos todo al Dios vivo. La adoración tiene un costo.

En 2 Samuel 24, David hace un censo. Algo común y corriente, ¿verdad?

Pero Dios les había prohibido a los reyes que contaran el número de personas disponibles para pelear en su ejército. El censo es una medida de poder. Es lógico. Si posees muchos guerreros y tu enemigo posee unos pocos, tienes más posibilidades de ganar.

¿Hay algún problema con esto? (¡Parece tener mucho sentido!) Dios le pidió a su pueblo que pusiera toda su confianza en Él. Aunque Dios les había demostrado una y otra vez quién era Él, los israelitas constantemente dejaban de confiar en Dios y ponían su confianza en el poder humano.

El pecado de David tuvo grandes repercusiones. Dios castigó a Israel, y 70.000 personas murieron en tres días.

Pero la historia tiene un gran final. David, a quien se le describe como un hombre conforme al corazón de Dios, finalmente lo entiende. Él va a ver a un granjero, Arauna, y le pide que le venda su trilladora y sus bueyes para poder ofrecer un sacrificio al Señor. Arauna le ofrece gratuitamente su propiedad y sus bueyes, pero David insiste en pagarle. Le responde: "No, sino que insisto en comprarla, no le presentaré ofrendas quemadas al SEÑOR mi Dios que no me hayan costado nada." (2 Samuel 24:24 – NTV)

La adoración nos cuesta algo. Implica una renuncia a mis derechos y deseos para que yo me pueda encontrar con el deseo de Dios de ser alabado.

Este no es sólo un principio del Antiguo Testamento, es lo que Jesús le dice a sus discípulos en Lucas 9:62: *"Nadie que mire atrás después de poner la mano en el arado es apto para el reino de Dios."*

La adoración es un sacrificio. Dios le pedirá un sacrificio diferente a cada uno de sus hijos; para algunos, el sacrificio de alabanza podría ser el uso de su cuerpo en adoración levantando las manos, o doblando las rodillas en obediencia a lo que Dios le está solicitando, sin importar lo que otros estén haciendo. Para algunos el sacrificio podría ser dejar el tiempo libre personal para poder servir a las necesidades de su prójimo quien está atravesando por una dificultad. Para otros, el sacrificio pudiera ser, rechazar una gran oferta de trabajo a la que Dios parece estar diciendo, "No."

Adorar es entregar nuestras vidas a Dios y a nuestros hermanos en la fe, buscando primero el reino de Dios, es poner nuestros ojos en el autor y consumador de nuestra fe (1 Juan 3:16; Mateo 6:33; Hebreos 12.2). Si continuamos mirando hacia atrás, perdemos nuestro enfoque en Dios y en sus obras. Cuando nos distraemos por las cosas que no nos apuntan al objeto de nuestra fe, no estamos siendo verdaderos adoradores.

Pero más que eso, Jesús dice que no somos aptos para el reino de Dios.

¡Estas son palabras duras! Pero Dios nunca dijo que seguirlo a Él sería fácil, entonces ¿por qué pensamos que el convertirnos en mejores adoradores iba hacer algo sencillo?

Hay muchas cosas que nos distraen de alabar a Dios: familia, trabajo, acumulación de posesiones, hacer crecer un negocio, el entretenimiento, la iglesia, cada uno de nosotros tiene su propia lista. Al final, nuestra verdadera adoración a Dios nos cuesta más que nuestros dones y talentos. Nuestra verdadera adoración nos cuesta nuestra vida.

No todo el que me dice:
"Señor, Señor", entrará en el reino de los cielos,
sino sólo el que hace la voluntad de mi Padre que está en el cielo. Muchos me dirán en aquel día:
"Señor, Señor, ¿no profetizamos en tu nombre,
y en tu nombre expulsamos demonios e hicimos muchos milagros?"
Entonces les diré claramente: "Jamás los conocí. ¡Aléjense de mí, hacedores de maldad!" Por tanto, todo el que me oye estas palabras y las pone en práctica es como un hombre prudente que construyó su casa sobre la roca.

Mateo 7:21-24

CAPÍTULO CUATRO

ESTAMOS USANDO NUESTROS DONES. ¿QUÉ MÁS NECESITA DIOS?

El sacrificio de alabanza

¡Dios te llama a TI!

En Mateo 7:21-27, Jesús les da a sus discípulos una enseñanza revolucionaria. Al igual que nosotros, los primeros seguidores de Dios deseaban una vara de medición, fácil de usar, para evaluar su valor en el reino de Dios.

Tener los dones y habilidades adecuadas, conocer la terminología correcta, ser reconocido por un ministerio poderoso, todas estas cosas ¡no hacen un adorador! Dios puede hacer su trabajo sin nosotros. Él decide usarnos. Él no desea nuestro ministerio o nuestros dones exitosos. Él desea nuestros corazones. Él desea nuestras vidas.

¿Sorprendido?

Aclaremos este punto. Dios anhela que usemos nuestros

talentos para su obra. Su corazón se quebranta por los hombres y mujeres que han comenzado con un corazón apasionado por Él y después lo han perdido en la intensidad de su ministerio. No podemos olvidar que incluso las palabras "nuestro ministerio" son antiéticas para un adorador: no es nuestro ministerio. Somos sus siervos.

Dios se interesa más en la persona que en su ministerio. No importa lo famoso que seas. No importa que tan grandes sean tus dones y tus talentos. No importa la ministración que ocurra. No importa cuanta adulación recibes de la iglesia o de la sociedad. Si en tu vida personal no se está desarrollando una relación íntima con Dios; si tus palabras son diferentes a tus acciones; si tu vida privada no refleja una amistad con Dios y la pasión por Él; a Dios no le convence esto. Él hará lo que sea necesario para llevarte al arrepentimiento y a la restauración.

Detrich Bonhoeffer, un teólogo y pastor cristiano que murió a manos de los nazis, declaró en su libro *El costo del discipulado* "Cuando Dios llama a un hombre (para seguirlo), él le pide que venga y muera" (Dietrich Bonhoeffer, *El costo del discipulado* - CreateSpace Independent Publishing Platform (July 2, 2012). El seguir a Jesús no consiste en mimar la voluntad propia; consiste en darle muerte a la voluntad propia. Cristo no nos ofrece la autorrealización, sino la crucifixión. Paradójicamente, cuando verdaderamente seguimos a Jesús, tenemos verdadero gozo, libertad y vida en abundancia. Al perder la vida, la encontramos.

¿Acaso no esto es lo que dijo Jesús en los Evangelios, acerca de dejar todo atrás para que uno pueda tener lo que realmente vale la pena? Marcos 8:34–35 dice de Jesús: "Entonces llamó a la multitud para que se uniera a los discípulos, y dijo: "Si alguno de ustedes quiere ser mi seguidor, tiene que abandonar su manera egoísta de vivir, tomar su cruz y seguirme. 35 Si tratas de aferrarte a la vida, la perderás; pero si entregas tu vida por mi causa y por causa de la Buena Noticia, la salvarás." (NTV)

¡El seguir a Jesús no simplemente decirle 'sí' a su ofrecimiento de salvación! Allí es donde todo comienza, pero el camino para llegar a ser como Jesús está lleno de sacrificios al "ego", para que Él pueda ser glorificado. ¿Recordemos lo que David le dice al granjero Araunah en Samuel 2 24:24 (ver Capítulo 3)?

No le ofreceré al Señor un sacrificio que no me cueste nada.

Nuestra vida con Cristo se basa en un pacto. Y cada pacto

tiene dos lados. Por un lado están las cosas que Cristo promete hacer por nosotros: amarnos con amor eterno, perdonarnos por todos nuestros pecados, hablarnos, dirigirnos y guiarnos cada día; preparar un lugar para que nosotros habitemos con Él por la eternidad; darnos el poder de su Espíritu Santo para que podamos derrotar al enemigo.

Y por otro lado está lo que Él pide de nosotros: entregarle nuestras vidas, morir a nuestra propia voluntad, buscar su reino antes que cualquier otra cosa, afianzarnos energéticamente en su reino, perder nuestras vidas por el evangelio, hacer que Él esté por encima de todas nuestras relaciones.

De hecho, Jesús estaba tan comprometido con este pacto que dio su vida voluntariamente por nosotros en la cruz. Y está tan comprometido con este pacto que nos recuerda: que el costo de ese compromiso no es menor al compromiso que Él nos pide. En esencia, el discipulado es morir: morir a nosotros mismos y vivir para Cristo. Tanto así que Él dice en Lucas 14:27: "Y el que no carga su cruz y me sigue, no puede ser mi discípulo." Un verdadero acto de adoración es cuando los discípulos entregan sus vidas por aquel que entregó su vida por ellos. Un discípulo trabaja cada día para cumplir su pacto con su Señor y Salvador cuando toma su cruz y sigue a Jesús. Invite cada día a Jesús a participar en cualquiera de sus actividades y busque participar en las cosas que él hace.

No ofreceré al Señor un sacrificio que no me cueste nada.

Nuestro sacrificio de alabanza debe ser algo más de lo que sucede el domingo por la mañana. Así de importante como es nuestra experiencia y práctica de alabanza, nuestra alabanza tiene que ir más allá de los servicios de alabanza del día domingo, de los cantos y de los eventos de alabanza. Nuestra adoración necesita conectarse con nuestras vidas, con nuestro andar, porque Dios desea conectarse completamente con nuestras vidas

Mientras estudiaba, meditaba y trataba de vivir cada día como adorador. Él me sorprendía de muchas maneras, en relación a cómo Él desea comunicarse conmigo. Me ha sorprendido con la variedad de formas que utiliza para invitarme a interactuar con Él. Me alienta a adorarlo en todas mis actividades. Ha abierto mis ojos para que lo pueda ver, y para que pueda ver Su gloria en las cosas pequeñas, en los eventos y en los acontecimientos de mi vida.

Mi deseo con este libro no es ofrecer un método específico para aprender a vivir todos los días como adorador. Mi deseo no es frenar o desalentar el uso de la música para alabar a Dios. Me encanta la música y amo alabar a Dios por medio de ella. Me encanta dirigir la alabanza por medio de la música. Pero no quiero que nos quedemos en el lugar en donde la adoración se iguala a la música Tampoco quiero que este libro le anime simplemente a adoptar un estilo de vida de adoración. ¿Por qué no? Bueno, para mí, un estilo de vida tiene que ver con algo que yo elijo porque que me conviene a mí y a la manera en la que quiero vivir. Otra persona puede elegir el estilo de vida que mejor le convenga y la forma que en que quiera vivir. Y así sucesivamente…

Permítanme ser claro, el caminar en adoración puede ser algo que decido emprender, pero que rara vez me conviene. El caminar en adoración me obliga a tener en cuenta a Dios por encima de todo; su deseo, su honor, su gloria, y su valor en todos los aspectos de mi vida. No es fácil. Me empuja y me jala, incluso cuando no quiero ser empujado, tirado o estirado. Y, honestamente, a menudo rechazo o ignoro completamente el deseo de Dios de ser el que gobierne mi vida.

La diferencia puede ser sutil, y no siempre acierto en ello, pero cuando decido seguir el camino de adoración, autorizo a Dios a tener acceso a todas las áreas de mi vida. Elijo seguirlo por las áreas que son dolorosas, pero necesarias, en mi viaje para ser más como Cristo. Elijo dejar de lado todos los otros amores y aferrarme solo a Él. Y elijo darle el derecho a llevarme a lugares a los que nunca he querido ir, a que me ponga entre gente a la que nunca hubiera decidido servir, a transformar en mí las cosas que estime necesarias, incluso cuando yo no lo haga. El caminar en adoración siempre pone a Jesús en el centro de toda mi vida.

No le presentaré ofrendas quemadas al SEÑOR mi Dios que no me hayan costado nada.

¡Todavía estoy trabajando en dejar que Él sea todo eso! ¡Y todavía no lo logro, en lo absoluto! Pero esa es la dirección en que quiero seguir mi vida continuamente. Y cada vez que falle, tomaré su mano misericordiosa, daré la vuelta y nuevamente me dirigiré hacia Él. En este camino, siempre habrá tropiezos y caídas, incluso retrocesos. Pero lo importante es que cada vez que esto suceda, nos aferremos a sus brazos abiertos y le permitamos volver a señalarnos el camino correcto en nuestro viaje.

Mi deseo es que por medio de este libro podamos iniciar un viaje de exploración, explorando todas las formas en las que Dios se muestra a nosotros cada día, para que siempre sintamos su presencia y para que siempre vivamos en una actitud de alabanza y de adoración con el amante de nuestras almas.

Han habido muchas cosas que me ayudaron a explorar la multiplicidad de formas en las que todos los días disfruto adorar a Dios. Las comparto con ustedes, no como pasos en un método, sino como sugerencias para empezar a descubrir la riqueza de la adoración a Dios con cada respiro y a cada paso que demos.

Y de esta manera, en los próximos capítulos usted encontrará escritas las expresiones de mi viaje hacia el descubrimiento de cómo Dios recibe nuestra adoración y alabanza cada día. Mi viaje es sólo un pequeño fragmento de lo que Dios puede hacer y está haciendo, pero le pido a Dios que estimule su corazón y su mente para que pueda expandir su expresión y su experiencia de alabanza.

La alabanza es para Dios. No nos limitemos a este mundo mientras nos anticipamos a una eternidad alabándole en su presencia en el mundo que viene. Mientras caminemos, aprendamos cada día a identificar el punto en donde se conecta la alabanza con la vida.

No le presentaré ofrendas quemadas al SEÑOR mi Dios que no me hayan costado nada.

SEGUNDA PARTE

PONIENDO EN PRÁCTICA

Pido que el Dios de nuestro Señor Jesucristo, el Padre glorioso, les dé el Espíritu de sabiduría y de revelación, para que lo conozcan mejor.
Pido también que les sean iluminados los ojos del corazón para que sepan a qué esperanza él los ha llamado, cuál es la riqueza de su gloriosa herencia entre los santos, y cuán incomparable es la grandeza de su poder a favor de los que creemos.
Efesios 1:17-19ª

CAPÍTULO CINCO

EL ESPÍRITU DE SABIDURÍA Y REVELACIÓN

Descubriendo todo lo que Dios nos ha dado

Pablo le pidió a Dios que le diese a los Efesios un espíritu de sabiduría y de revelación, para que ellos pudiesen conocer a Cristo en su plenitud. ¡Para que tuviesen un pleno conocimiento del Señor! ¡Para que lo conocieran de la misma manera que Él nos conoce a nosotros! ¡Es lo que le pido a Dios para la iglesia de hoy!

Si hay algo que mencionar de Pablo, es que él fue un apasionado por su relación con Jesús. Su deseo era que todos conocieran a este Mesías, a este Salvador. Sus oraciones por las iglesias que él fundó o a lo largo de sus viajes daban a entender su deseo de que ellos lo sobrepasaran en su búsqueda apasionada de conocer a Jesús. En su oración le clamó al Padre Celestial que le otorgara un don a su iglesia, el don de la sabiduría y de la revelación.

Pero esta petición no era necesariamente para que se les revelasen las verdades espirituales. Ni tampoco para obtener una gran sabiduría con el fin de que el mundo se pusiera de pie y quedara maravillado. El deseo de Pablo era que Dios presentara a su iglesia con un espíritu de discernimiento y de sabiduría, para que de esa forma ellos conociesen a su Señor, su Salvador, en su totalidad.

Jesús había dicho antes: que cuando Él dejara el mundo, Él iba a enviar al Consolador, el cual iba a guiar a su iglesia en la verdad y les ayudaría a entender las enseñanzas de Cristo (Juan 14:15-17). En pentecostés Él envió su Espíritu Santo sobre su pueblo.

El Espíritu Santo nos da la habilidad de ver a Cristo en lugares donde de otra manera no podríamos. El Espíritu Santo nos da la habilidad de ver la presencia y la obra de Dios en la naturaleza, en nuestros amigos, en los extraños y en muchos, muchos lugares inesperados, si estamos dispuestos a escuchar y a observar.

Mientras oramos al igual que Pablo, deseando el espíritu de revelación y sabiduría, el Espíritu Santo comienza a activar nuestros sentidos y nuestros deseos, y nos propulsa en la dirección del descubrimiento, del conocimiento de Dios en su totalidad.

El conocer a Dios en su totalidad es mucho más que sólo reunir información acerca de Él. Es conocer su persona, su pasión, y su presencia en el contexto de una relación. Es conocer sus deseos, sus intenciones. Es saber cuáles son sus planes para ti y para otros. El conocer a Cristo nos ayuda a adorarlo y a servirle con claridad, comprendiendo quien es Él y cómo e Él desea que seamos ("seremos semejantes a él", 1 Juan3:2).

Si usted conoce a Cristo en su totalidad, entonces, conocerá sus deseos e intenciones más profundas. Algo así como el matrimonio. Yo pensaba que conocía a mi esposa Gayle, cuando nos casamos. ¡Caramba! ¡Vaya sorpresa la que me llevé! A pesar de conocer parte de su personalidad, mientras nuestra relación crecía a lo largo de los años, comencé a darme cuenta lo compleja y profunda que es ella como persona. Mientras aprendíamos a conocernos y a escucharnos mutuamente, comencé a conocerla en su totalidad y a conocer la profundidad de su carácter.

En un buen matrimonio, mientras los conyugues se van conociendo, tratan de agradarse, en base a lo que sabe el uno del otro… Lo ideal en una relación matrimonial, es relacionarse mutuamente al nivel más profundo, de esta manera conociéndose el uno al otro verdaderamente. Los cónyuges tienden a abrir sus corazones para conocerse. Para conocer sus deseos, sus anhelos y sus aspiraciones. La relación crece y madura a medida que se empiezan a conocer más.

El matrimonio del ser humano es un ejemplo imperfecto de "conocer en su totalidad" comparado a cómo Dios lo usa. Sin embargo, el matrimonio es una de las relaciones más íntimas de los seres humanos, es un buen modelo del proceso de conocer a Dios. Algo así como el esfuerzo que hacemos de conocer a nuestro cónyuge: necesitamos conocer a Dios por nuestra propia voluntad y madurar en nuestra relación con Él.

En este mundo postmoderno, estamos en el mejor lugar para poder comprender lo que realmente significa conocer a Dios. El pensamiento y las filosofías modernistas que han ejercido una fuerte influencia en nuestras iglesias durante el siglo pasado, perpetuados por una inclinación persistente por el conocimiento científico y sistemático de la lógica, han tenido la tendencia a generar cierta confusión sobre lo que verdaderamente significa vivir nuestra vida, conociendo completamente a Dios. Vivir la vida con una pasión por conocer plenamente a Dios poco a poco se fue convirtiendo más en recopilar información; pasajes memorizados, preceptos, normas y reglamentos, y recolección de artículos de la "verdad", textos prueba, evidencia irrefutable, y demostraciones de información real y objetiva acerca de Dios. Todo eso está muy bien, pero lo que se perdió fue la comprensión de la esencia, la persona, el corazón y el misterio de Dios.

"Conocer" (a Dios, o a cualquier otra persona) no se trata de una lista acumulada de datos o información. Claro, hay algo de eso, pero es mucho más profundo que recopilar evidencia verificable e irrefutable. Esa es la parte que el pensamiento modernista nos dejó. Pero el pensamiento postmoderno entiende que si hay conocimiento más allá de los hechos y las cifras, que hay lugar para lo misterioso, lo asombroso y lo inexplicable, en última instancia, que ningún conocimiento es completo sin todo esto. Una perspectiva holística sobre el conocimiento de Dios entiende que Él no puede ser perfectamente compartamentalizado en una o dos ideologías ni en segmentos bien ordenados de nuestras vidas.

Conocerlo totalmente es también permitirle invadir cada parte de nosotros.

Afortunadamente no buscamos conocer a Dios completamente por nuestra cuenta. Él nos ayuda. Dios quiere que lo encontremos (Proverbios 8:17). Él está activamente promoviéndose hacia nosotros, más allá de los hechos y las cifras, agita sus manos y nos dice: ¡Aquí estoy! ¡Aquí estoy! (Isaías 65:1, Romanos 10:20). Me gusta la forma en que David instruye a su hijo, Salomón, sobre conocer a Dios cuando dice en 1 Crónicas 28:9, "Y tú, Salomón, hijo mío, reconoce al Dios de tu padre, y sírvele de todo corazón y con buena disposición, pues el Señor escudriña todo corazón y discierne todo pensamiento. Si lo buscas, te permitirá que lo encuentres."

Sí, buscamos conocer a Dios, pero en realidad no es sólo a través de nuestro esfuerzo que se logra la conexión. ¡También se debe a que Dios, simultáneamente, nos está buscando para que lo encontremos! Él promete revelarse a nosotros si lo buscamos con fe. ¡Y si no tenemos la sabiduría para saber cómo hacerlo, todo lo que necesitamos hacer es pedirle! Dios promete revelarnos la verdad si lo buscamos fielmente. Santiago1:5 nos motiva a que le pidamos sabiduría: "Y si alguno de vosotros tiene falta de sabiduría, pídala a Dios, el cual da a todos abundantemente y sin reproches, y le será dada".

Debemos anhelar un conocimiento constante con respecto a las profundidades de donde Cristo nos llamó. Él nos ha prometido que el Espíritu Santo nos guiará dentro de esas profundidades. Pablo les recuerda a los Corintios que: "...y nosotros hemos recibido el Espíritu de Dios (no el espíritu del mundo), de manera **que podemos conocer las cosas maravillosas que Dios nos ha regalado."** (1 Corintios 2:12 – NTV – se le añadió el énfasis).

A mi esposa, Gayle, le gusta mucho dar regalos en navidad, y le encanta envolverlos con cintas, lazos y hermosos papeles de colores. La verdad es que, muchas veces estos regalos terminan siendo obras de arte. Sin embargo, la envoltura sólo es la primicia de lo que se encuentra adentro. La envoltura, aunque es hermosa, sólo es un preámbulo de lo que espera ser descubierto adentro.

Oro para que cada uno de nosotros, como adoradores, tenga una envoltura que sea un preámbulo de la belleza que se encuentra dentro de nosotros. Sin embargo, frecuentemente, es todo lo contrario: La hermosa envoltura es lo único que hay. Algunos de nosotros somos como la iglesia de Sardis. Escuchemos el mensaje de Jesús: "Conozco tus obras; tienes fama de estar vivo, pero en realidad estás muerto." (Apocalipsis3:1)

¡Ay!

Muchos cristianos han construido un hermoso manto de santidad.

Otros han tomado de manera honesta el regalo inicial de la salvación. Ellos hablan con palabras conmovedoras acerca de cómo Cristo los rescató del borde de la muerte. Lloran al pensar en el precioso momento de estar con Él por la eternidad. Animan a otros a aceptar este regalo gratuito de salvación, con el cual, pueden entrar al reino celestial cuando mueran. Ellos han recibido el obsequio de la salvación. Sin embargo, viven con el paquete de regalo que aún no ha sido abierto. Viven sus vidas aferrados a ese regalo sin descubrir la intensidad de lo que Dios ha provisto en lo profundo de su interior.

Es como cuando Gayle me da un regalo de navidad hermosamente decorado. Lo recibo maravillado y sorprendido. Recito elogios de lo hermoso que se ve y de como ella se ha esmerado este año en hacerlo. Y luego lo coloco sobre la repisa de la chimenea y les digo a todos nuestros invitados: "¡miren el hermoso regalo que me dio Gayle este año! ¿No es fantástico? Simplemente, la amo por su consideración."

Bueno, estoy seguro de que Gayle diría: "¡Gareth, deja de hablar tanta bobada y abre el regalo!"

Cuando le dijimos "Sí" al ofrecimiento de salvación de Jesús, Él nos dio varios regalos. Primero, el perdonó nuestros pecados, nos limpió de nuestra inmundicia haciéndonos aceptables ante Su presencia. Segundo, nos hizo herederos de su reino, hijos de Dios. Tercero, nos dio dones con los cuales podemos servirle a Él y a otros. Cuarto, nos obsequió su Espíritu Santo, su presencia viva en nosotros.

Los primeros dos regalos simplemente son: somos perdonados, aun cuando actuamos como si no fuésemos hijos de Dios o cuando tenemos dificultad de entender su gracia; y somos hijos de Dios, aunque a veces actuamos como si no lo fuésemos.

El tercer regalo es algo fuerte. Muchas veces nos confundimos en relación con los talentos y los dones, y como todo esto juega un papel importante en nuestras vidas. Los talentos son parte de nuestro ADN. Son regalos que el Creador nos da al momento de nuestra concepción. Como sus hijos, debemos usar nuestros talentos para su Gloria. Dios nos concede talentos para la edificación de Su reino. Conozco a una mujer que es excelente maestra. Le gusta estar frente a un salón de clases y ha logrado afinar sus habilidades. Pero es pronta en decir que la enseñanza no es su don espiritual, sino que es un talento que le ha dado Dios. Cuando la persuadí a que me hablara de ella, ella me explicó que tenía el don de la profecía. Hay momentos en que, sin razón alguna, ella sabe que el Espíritu Santo le ha dado un mensaje para la iglesia o una persona. Ese es su don espiritual.

Dios le ha dado a cada seguidor de Cristo uno o más dones espirituales que se dan para avanzar su reino, para animar y corregir la Iglesia, para servir y bendecir al mundo en que vivimos, que se haga su voluntad en la tierra como en el cielo (Mateo 6:10). Nuestros dones "naturales" de talento y nuestras habilidades pueden hacer algo de eso también, sin embargo, los dones espirituales llevan un componente dirigido y facultado por Dios en su función. Este es el tercer punto que encontramos al explorar nuestro "regalo" de salvación.

Finalmente, el don del Espíritu Santo es un tesoro que apenas estoy empezando a comprender. El Espíritu nos guía para que aprendamos todo acerca de lo que Dios nos ha dado, nos ayuda a excavar más allá de la superficie hasta llegar a las profundidades de Dios. Si, Dios nos ha dado la salvación. ¡Aleluya! Sin embargo, Dios nos ha dado otras cosas, que se encuentran dentro del paquete de la salvación, las cuales todavía esperan ser descubiertas. El Espíritu Santo nos quiere mostrar, y nos mostrará todas estas cosas mientras le permitimos que nos guie en nuestro viaje al descubrimiento de todas las cosas que Dios ha preparado para los que ama.

Este libro es acerca de adorar a Dios en los contextos más amplios de la vida. Entonces, ¿cómo se relaciona un espíritu de sabiduría y de revelación con la adoración?

El adorar a Dios invoca a la actividad del Espíritu en nuestras vidas y nos ayuda a sumergirnos dentro de sus profundidades. La adoración mueve la atención en nosotros mismos y la centra en Dios, dándonos la habilidad para comenzar a ver las cosas desde su perspectiva, animándonos a estar abiertos a su corrección; invitándonos a seguir su liderazgo en nuestras vidas. La adoración nos ayuda a abrirnos para que Él se muestre a nosotros. El vivir en adoración nos provee las herramientas adecuadas para poder profundizar en el entendimiento de Dios y de todo lo que Él ha preparado para los que ama.

En última instancia, la adoración afina nuestro corazón, nuestros ojos y nuestros oídos para que podamos sentir, ver y escuchar a Dios.

Y cuando Dios nos revela un poco más sobre nosotros mismos somos renovados y somos más como Él. Él nos ayuda a responder con sabiduría a las cosas de la vida. Él se convierte cada vez más en el motivo de nuestra vida.

Cada día lucho con abrir mi corazón a Dios. La verdad, algunos días es difícil y las circunstancias de la vida se interponen. Pero hay algunas cosas que hago y que me ayudan a concentrarme en Dios:

1. *Todos los días le pido a Dios que me dé sabiduría.* Esto me obliga a articular mi dependencia en Dios y a decirle que lo necesito. Invito a Dios a que me hable a través de las situaciones en mi vida cotidianas. A menudo oro en fe: "Señor, tú nos has dicho que si nos falta la sabiduría, debemos pedírtela, porque tú se la das a todos generosamente sin menospreciar a nadie." (Santiago 1:5)
2. *Busque formas de darle la oportunidad a Dios de manifestarse en su vida.* A veces pasan días sin que yo vea algún rastro de Dios. Entonces, me detengo y me doy cuenta que ni siquiera he orado o que no lo he buscado. El encontrar a Dios, es algo activo, no pasivo. No sería fabuloso que Dios me enviara un correo electrónico y me contara un poco sobre Él. O como Saulo, que Él me detuviera y me dijera palabra por palabra hacia donde desea que yo vaya. Pero de vez en cuando Dios se muestra a mí de una manera milagrosa y sorprendente, la mayoría de veces, veo a Dios en las cosas pequeñas de la vida diaria.
3. *Saque tiempo para hablar con otros creyentes.* ¡Es maravilloso! no importa en qué parte de su viaje se encuentren, su fe me hace cambiar.

Les pregunto cómo es que ellos se encuentran con Dios y cómo Él interactúa con ellos. Pero me resisto a duplicar sus experiencias: el saber que Dios se manifiesta en la vida de las personas, es algo fantástico, pero como Dios no es una máquina preprogramada, Él le hablará de diferente manera a cada uno de sus hijos.

4. De seguro, el desafío más difícil es tener fe. El haber crecido en una familia Menonita me ha atrincherado en una creencia estoica: "todo lo tengo que hacer por mi propia cuenta". Cada uno de nosotros posee su propio pasado que desafía nuestras ideas sobre la fe. Hay días en los que es fácil tener fe. Pero hay otros días en los que tengo que caminar hacia adelante, en fe, creyendo que Dios está allí, en el silencio. Estoy convencido de que Dios desea que yo conozca más de Él.
5. *De vez en cuando, dé un vistazo hacia atrás.* Los cristianos modernos se están perdiendo de muchas bendiciones al no celebrar la fiesta de la pascua. En la tradición judía, la pascua era el tiempo en que los judíos contaban historias sobre la fidelidad de Dios. La familia, los niños y los amigos se reunían y recordaban que Dios había sido fiel, incluso en tiempos difíciles. Cuando recuerdo las veces en que Dios ha sido fiel, tengo la certeza de que Él seguirá siendo fiel.

Guarda silencio ante el Señor,
y espera en él con paciencia;
Salmos 37:7a

Quédense quietos, reconozcan que yo soy Dios.
Salmos 46:10ª

CAPÍTULO SEIS
EL SILENCIO
Herramienta para la adoración

Yo ronco al dormir.

Es una imperfección de mi configuración física que no puedo controlar. Puedo irme a dormir convencido que no voy a roncar o puedo usar esos ridículos dispositivos pequeños que expanden las fosas nasales, y aun así, mi esposa Gayle, me codeará por un costado a media noche.

He sido parte del comité norteamericano de mi denominación evangélica y he estado en reuniones en diferentes partes de Canadá y los Estados Unidos, junto a otros 15 miembros del comité. Cuando llega el momento de dividirnos en los cuartos de hotel, a mí siempre me ponen junto con los dos o tres individuos que roncan. Para empeorar las cosas, parece que ellos pueden dormirse en el momento en que sus cabezas tocan la almohada. Ahora, Gayle les puede decir que yo hago lo mismo, pero cuando me es absolutamente necesario dormirme antes que otras personas (como el caso de mis dos o tres compañeros que roncan), parece que no lo puedo hacer.

Pero encontré unos tapones fenomenales hechos de masilla de silicona, los cuales aíslan eficazmente buena parte de la disonancia. En el silencio, me puedo dormir. A partir de ese momento, siempre viajo con mis tapones para los oídos, en los aviones, en los hoteles, en las casas de las personas que me hospedan. Y ahora, ¿Si otros no pueden dormir debido a mis ronquidos? ¡Que se consigan sus propios tapones!

Vivimos en un mundo ruidoso, desde el momento en que el reloj despertador nos levanta hasta el final de la emisión del noticiero nocturno, nuestras vidas están llenas de sonidos. En camino al trabajo o al ir de compras, escuchamos la radio, un CD o un MP3. Cuando nuestro hijo mayor, Chris, estaba en la escuela secundaria, él decía que no podía concentrarse en sus estudios a menos que estuviera viendo televisión o escuchando música. ¡Cómo han cambiado las cosas desde la época en que yo hacía tareas en la secundaria! Por las noches, cuando nuestros tres hijos aún vivían con nosotros, Gayle y yo nos íbamos a dormir escuchando la música electrónica que emanaba a través de las paredes desde la computadora de nuestro hijo mayor.

La mayor parte del tiempo, en nuestro mundo moderno y bullicioso, no estamos acostumbrados al silencio. Hace unos años fuimos de vacaciones a una granja y nos costaba trabajo conciliar el sueño ¡porque había mucho silencio! Finalmente, mi cuñado nos prestó un ventilador a para que de esa forma tuviésemos un ruido suave para poder dormir.

Sin embargo, el ruido es más que un producto de nuestra sociedad orientada hacia las máquinas y la tecnología. El ruido nos ayuda a alejar el dolor y la incomodidad que produce el silencio. Deseamos llenar el silencio con sonidos o actividades. Estamos tan acostumbrados al ruido que tenemos que tener un sonido de fondo. Cuando estamos solos en casa, prendemos el televisor o la radio, aunque no estemos viendo u oyendo, solo por llenar la casa con algún sonido.

El silencio nos aterra. No parece ser algo natural. A veces, me pregunto si tenemos miedo de lo que podamos oír en el silencio, que nos rehusamos a permitirlo. O tal vez, tenemos miedo de que no vayamos a oír nada… y sentirnos solos de verdad.

El deseo de "no tener un momento de silencio" ha cambiado nuestra alabanza. Queremos que el programa sea rápido, eficiente, y que mantenga nuestra atención. Somos una generación que creció con clips de dos minutos. Los del programa de televisión infantil "Plaza Sésamo" eran muy buenos en esto. Nuestras iglesias han cambiado lentamente para también excluir el silencio. Inclusive hemos reemplazado los breves momentos de silencio que tenemos cuando esperamos a que la siguiente persona suba al pulpito para leer las escrituras (o anuncios, o una canción) con gente esperando en las alas de la iglesia, para que no se desperdicie tiempo esperando en silencio. Es un uso eficiente del tiempo, supongo, pero ¿qué hemos sacrificado para lograrlo? El salmista dice: "Quédense quietos, reconozcan que yo soy Dios." (Salmo 46:10). La sugerencia que nos da el salmista es que debemos hacer una pausa en nuestra muy bulliciosa y ocupada vida para poder escuchar a Dios.

Nuestro deseo de "no tener un momento de silencio" ha cambiado nuestra alabanza. Queremos que el programa sea rápido, eficiente, y que mantenga nuestra atención. Somos una generación que creció con clips de dos minutos. Los del programa infantil de televisión "Plaza Sésamo" eran excelentes.

Nuestras iglesias han evolucionado lentamente y también han excluido el silencio. Inclusive en los breves momentos de silencio que tenemos cuando esperamos a que la siguiente persona suba al pulpito para leer las escrituras o los anuncios, ponemos una canción de fondo que sirve de relleno mientras la gente espera en las alas de la iglesia, para que no se desperdicie el tiempo esperando en silencio.

Hubo una época en la que el silencio y la reflexión eran parte de la experiencia de adoración en la iglesia. Había tiempo para la meditación de un pasaje de las escrituras, tiempo para orar en silencio, tiempo para permitirle a Dios hablar. Hoy en día eso es una rareza. Yo creo que es porque realmente no sabemos cómo utilizar el silencio.

Estoy seguro que ustedes pueden identificarse conmigo cuando menciono lo frustrante que es cuando hay silencio en el momento de la oración. De hecho, esto me ocurre muchas veces cuando estoy en grupos pequeños y en reuniones de oración. Cuando el líder les pide a dos o tres personas que oren y dice que él hará el cierre de la oración, muchas veces yo tomo la iniciativa y oro, si nadie más lo hace después de que hayan transcurrido 30 segundos de silencio.

¿Por qué?

Porque el silencio me incomoda. Y por esa razón oro, más para remover el silencio, que para exponerle a Dios una necesidad en particular, especialmente en la oración colectiva. Estoy convencido que es porque me siento cómodo al orar en público y no quiero que otros se sientan incómodos o presionados a orar por el agobio que el silencio trae al grupo.

Pero, ¿será que nuestra tendencia a llenar cada momento desde que despertamos con sonido y actividad mitiga nuestra habilidad para encontrar un lugar de adoración en el silencio? ¿Será que nuestro ruido interfiere con lo que Dios desea para nosotros y que sólo se puede encontrar en el silencio? ¿Será que nuestra adoración puede incluir inactividad, solitud, quietud, reflexión, meditación y el saber escuchar?

Más que cualquier otra cosa, el silencio nos da la oportunidad de escuchar a Dios. ¿Recuerdas a Elías en 1 Reyes 19:11-13 cuando le pidieron que se pusiese en el monte delante de la presencia del Señor? Desde este pasaje empezamos a entender, intelectualmente hablando, la importancia del silencio para escuchar la voz del Señor. Elías buscó al Señor en el poderoso viento, en la fuerza del terremoto y en el calor consumidor del fuego. Pero Dios no se encontraba en esas fuerzas poderosas, Él llegó en un susurro, un suspiro apacible y delicado, con una voz muy suave.

En nuestro mundo, el silencio no es una parte placentera. Somos presionados a mantenernos al nivel de nuestra cultura y las normas de la sociedad. La ostentación, el profesionalismo de las películas y el entretenimiento están siendo absorbidos por nuestras iglesias. Y es un dilema, ¿Para qué querría alguien ir a la Iglesia si nuestro entretenimiento no es tan bueno como el de los centros de diversión?

Bueno, la respuesta es obvia: para encontrar a Dios, pero dejemos el sarcasmo de lado por un momento. La presión de entretener a la gente por medio de los programas, es muy grande. En nuestra pequeña iglesia, ubicada en medio de una zona de clase baja con gran cantidad de inmigrantes, está luchando por comprender lo que significa ser iglesia. Hablamos en círculos, en relación de convertirnos en parte de la comunidad. Pero todavía estamos tentados a crear un nuevo programa para atraer a la gente, a pesar de que sabemos que nuestro llamado es ir y vivir entre la gente para que ellos también conozcan la gloria de Dios mientras trabajamos al lado de ellos en la comunidad.

Como cristianos, sentimos que estamos compitiendo con el mundo por tiempo de emisión en los medios de comunicación. Naturalmente, nuestra lógica es: la iglesia debería ofrecer algo que se pueda comparar con el entretenimiento del mundo.

¡Pero nos hemos equivocado!

Sé que lo voy a decir a gritos, pero no puedo enfatizarlo lo suficiente: **¡La iglesia le debería estar dando al mundo algo mucho, mucho mejor de lo que pueden encontrar en cualquier parte!**

Y pueda que esa sea la oportunidad para el silencio.

Rara vez nos damos la oportunidad de bajar las revoluciones, de aquietar nuestras vidas ocupadas, de sentarnos pacientemente a esperar que el Señor se acerque y nos hable con su voz suave y apacible. Esto es algo que se debería hacer en nuestro tiempo devocional privado... ¡Si lo pudiésemos hacer sin quedarnos dormidos!

Hace algunos años, estaba dirigiendo la alabanza en un congreso al oeste de Canadá. En la segunda noche del congreso sentí con entusiasmo que la presencia de Dios se acercaba. De hecho no utilicé las últimas dos canciones del programa de alabanza, las cuales había practicado con anterioridad, porque había un sentido claro de que Dios se había acercado. Me quedé en silencio por un par de minutos, luego puse mi guitarra a un lado y me senté. Los músicos de la banda hicieron lo mismo y también se sentaron.

Por los siguientes 75 minutos nos sentamos en silencio, David Damien, el conferencista invitado, nunca subió a hablar, no hubo anuncios. Sólo nos sentamos en silencio.

Fue un proceso sorprendente lo que viví durante el tiempo de silencio. Primero pensé, "¡Vaya! ¡Esto es genial! ¡Un maravilloso tiempo de silencio no planeado que refleja lo que Dios nos había estado diciendo a través de las canciones que habíamos cantando!" Pero veinte minutos más tarde, empecé a preguntarme si debería haber tocado esas últimas dos o tres canciones. O tal vez me debía parar y tocar de nuevo, ustedes saben, para llenar el espacio de silencio. Tal vez añadir un poco de ánimo con música de fondo. Cuarenta y cinco minutos en este tiempo de reflexión, se estaba volviendo algo insoportable y doloroso a medida que mis pensamientos hacían un valiente esfuerzo para llenar el vacío con sonido. "¿Acaso no trajeron a este conferencista para dar una charla? y ¿Para qué le están pagando? ¡Vinimos a escucharlo! ¡La iglesia no está invirtiendo bien su dinero! ¡Están engañando a los asistentes de este congreso!"

Finalmente, en los últimos quince minutos, mi resistencia finalmente cedió, pude quedarme en silencio delante del Señor y empecé a oír su voz. Hizo que su voz apacible y suave se escuchara.

Después de ese momento de silencio el conferencista se levantó y le preguntó a la congregación qué era lo que Dios les había dicho. La gente se levantó y compartió lo que Dios les había dicho durante el tiempo de silencio.

Dios había hablado de formas poderosas durante el silencio.

Siempre que visito las catedrales de Europa y América Latina, me siento atraído por el eco del silencio de las paredes de piedra. Existen muchos factores que proporcionan la sensación de genialidad: la antigüedad del edificio; la altura de los techos, la arquitectura, las obras de arte, los vitrales, etc. Pero más que eso, es la sensación del silencio, de la reflexión silenciosa. Las personas que entran a la iglesia susurran al hablar.

Mientras disfruto las emocionadas voces de nuestra iglesia, los domingos por la mañana, algunas veces me pregunto si es necesario hacer un lugar público para los que necesiten escuchar a Dios. Un lugar donde puedan ir y estar en silencio.

En el pasado, el Señor utilizaba el silencio para hablarle a su pueblo. Hoy en día, Él utiliza el silencio para hablarnos. ¿Estamos tomando el tiempo para estar en silencio delante de Él?, ¿para poder escucharlo con más claridad y poder discernir su voz? Algunas veces nuestra mejor alabanza comienza cuando nos quedamos en silencio y esperamos que su voz suave y apacible nos hable.

He estado en retiros de tres días de absoluto silencio. ¡Es una experiencia maravillosa! He estado en servicios de otras iglesias en donde las palabras se me van y solo existe el silencio mientras esperamos a Dios. Me he sentado con amigos y familiares que están de luto, en donde el silencio es el único consuelo.

Sí, todavía caigo en la actividad ruidosa de mi mundo. Todavía permito que el desorden del ruido ahogue la voz de Dios. Sin embargo, aún anhelo encontrar a Dios en el silencio. Aquí les presento algunas de las cosas que hago para lograrlo:

Trate de encontrar momentos específicos de silencio. Algo que he aprendido de mi mismo es que estoy programado para el ruido. Por lo general es mejor encontrar el silencio en un lugar en donde normalmente no trabajo. Un paseo por el bosque es bueno, pero no siempre es accesible. En nuestra casa, el mejor lugar para encontrar el silencio es la sala. Rara vez la usamos, excepto cuando tenemos visita y generalmente está libre del revoltijo de la vida diaria. Mi oficina es el peor lugar para encontrar el silencio. Está hecha un desorden con el trabajo que tengo pendiente, así que es muy difícil calmar mi corazón y mi mente en ese lugar.

1. *Aprenda a anticiparse a las distracciones.* Trato de no sentirme culpable y simplemente reconozco lo difícil que es para mí encontrar un lugar silencioso. Por lo general cargo conmigo papel y lápiz cuando estoy a solas con Dios. Los primeros quince minutos están llenos de muchos pensamientos con respecto a lo que tengo hacer ese día. Sino los escribo, continuarán distrayéndome durante mi tiempo con Dios.
2. *Aprenda a disfrutar el silencio.* No soy muy paciente. Si calculo darle a Dios treinta minutos de mi tiempo para que se manifieste, Él debe llegar puntual. Pero, ¿sabe qué? Dios no está trabajando en mi línea de tiempo. Él está esperando a que yo llegue con Él sin la carga que llevo a una reunión. Estoy aprendiendo a valorar el silencio, aun cuando Dios no se manifiesta de alguna manera significativa. Es agradable sentarse a solas con Él.

3. *Cuando renuncié a mi trabajo como pastor de jóvenes anticipándome a lo que Dios me estaba guiando hacer, todos los jueves pasaba tiempo en el sótano de la iglesia de un amigo*. Nadie, excepto mi amigo, sabía que yo estaba allí abajo, así que, tenía muchas horas ininterrumpidas junto a Dios. Con frecuencia me acostaba cabeza abajo en el suelo, delante de Dios y esperaba en Él para que me hablara en el silencio. Y muy a menudo me quedaba dormido.
4. *Al principio tenía problemas con el hecho de quedarme dormido y no estar despierto para escucharlo en todo momento*. Pero Dios me animaba haciéndome sentir que Él disfrutaba ese momento y que si yo estaba cansado, no debía estar ansioso por quedarme dormido. Continuábamos cuando yo despertaba. O algunas veces Él me animaba en mi sueño de varias maneras.
5. *Trate de esperar a los otros cuando estén en oración o en reflexión*. Como dije antes, realmente no me gustan las pausas silenciosas en la oración colectiva. Pero estoy aprendiendo a manejar el silencio. Trato de no estar muy ansioso por finalizar el tiempo de oración. No sé qué es lo que Dios le está revelando a mi hermano o a mi hermana. Algunas veces son estos momentos de silencio que le permiten a Dios manifestarse. Trato de darle a Dios la oportunidad de hablarnos. Después, trato de preguntarle a la gente qué fue lo que Dios les habló durante el tiempo de oración. A menudo me sorprendo cuando escucho las cosas que Dios dice.
6. *Trate de buscar el silencio en lugares y en momentos inusuales*. Que instintivo es subirse al vehículo y encender la radio (o bajarle el volumen si Gayle es la que está manejando). Antes, cuando me iba de viaje, me apresuraba a comprar los CD adecuados para escucharlos durante el trayecto. Pero últimamente no los he estado escuchando, dejando de lado la radio y manejando en silencio. Esto me da un tiempo importante para disfrutar la presencia del Señor, para meditar sobre mi día, los momentos o las horas que corren en medio de mis dedos. Algunas veces

un tiempo corto de interrupción del patrón normal de vida puede darle a Dios la oportunidad de hablar.

Deje de escuchar música de alabanza por un tiempo. Aprenda a amar y alabar a Jesús en el silencio y la quietud. Él está allí también.

En aquel día no me preguntareis nada.
De cierto, de cierto os digo, que todo cuanto pidiereis al Padre en mi nombre, os lo dará.
Juan 16:23 (PDT)

CAPÍTULO SIETE

PEDIR

Para que así el hijo le dé la gloria al Padre

Mi esposa es comunicadora y trabaja con organizaciones que hacen diversas actividades para recolectar fondos. Ella tiene una perspectiva única sobre el poder que tiene el pedir. ¡En ocasiones, ella habla de la arrogancia y de la autosuficiencia que tiene nuestra sociedad! Muchas organizaciones cristianas acuden a ella y le piden su ayuda para recaudar fondos. Pero ellos no quieren dar la apariencia "de estar pidiendo". Aunque, "pedir de una manera que no parezca que se está pidiendo" parece incorrecto, me pregunto si nuestra riqueza, nuestra independencia y la falta de necesidad real en nuestra sociedad y en nuestras iglesias nos han quitado el deseo de pedir.

Hace unos años, un hombre africano y su hijo se hospedaban en la casa de un amigo nuestro. Ellos se encontraban aquí en Canadá por la gracia de Dios y la compasión de algunas personas. El hijo necesitaba con urgencia una cirugía de corazón y no podía hacérsela en su propio país. Eran refugiados y vivían en absoluta pobreza. El hombre africano se dio cuenta de que la familia tenía en la casa una máquina de coser, y aunque parezca muy raro, nadie la utilizaba. Estaba allí, bien aceitada y lista para usar, en el clóset de uno de los cuartos. El hombre, entonces, preguntó si le podían dar la máquina de coser. Él sabía que si la llevaba a su pueblo y la usaba, podría ganar un ingreso que le ayudaría a sostener y alimentar a su familia. Una máquina de coser como esa le costaría en su país lo de un año de salario.

Nuestro amigo canadiense estaba desconcertado. Se dio cuenta que este hombre africano no vacilaba a la hora de pedir algo que el necesitaba. Él simplemente vio algo que necesitaba (y que nadie estaba utilizando) y lo pidió. El hombre dio la impresión de ser un poco codicioso, para el punto de vista norteamericano.

Pero en realidad no era así. Este hombre tenía una gran necesidad. Estando en Canadá, él vio que había gente con mucha riqueza, y también se dio cuenta que en las casas habían muchas cosas que rara vez se usaban. Seguramente estas personas con esta gran capacidad de dar lo harían generosamente.

Jesús dijo: *¿Quién de ustedes, si su hijo le pide pan, le da una piedra? ¿O si le pide un pescado, le da una serpiente? Pues si ustedes, aun siendo malos, saben dar cosas buenas a sus hijos, ¡cuánto más su Padre que está en el cielo dará cosas buenas a los que le pidan*! (Mateo 7:9-11).

Nuestros hijos ya son adultos, o más o menos. En la primavera del 2004, fui a Halifax a ayudar a mi hija a mudarse a su primer apartamento. Era una habitación pequeña y desagradable de una cama que tenía todas s las características de un cuarto estudiantil. Yo estaba orgulloso de ella, pues estaba terminando su primer año de enfermería, y le costaba pagar su carrera y sus gastos de mantenimiento. Ella rebuscó en ventas de garaje y ventas de segunda, y finalmente encontró un sofá no tan sucio, un par de sillas viejas de vinil y un vestidor. Yo quería comprarle todo lo que ella necesitaba.

¿Cuántas bendiciones desea derramar Dios sobre sus hijos? A Dios, nuestro Padre, le gusta dar buenos regalos a sus hijos. Él nos invita a pedirle lo que necesitemos. Él prometió ayudarnos cuando necesitáramos ayuda. Él *DESEA* que le pidamos.

Cuando pedimos, reconocemos la necesidad que tenemos de Dios y admitimos que no somos autosuficientes. Yo no puedo alcanzar una vida de adoración por mí mismo. Necesito la dirección, el poder y la pasión del Espíritu Santo para convertirme en adorador. Esta dependencia es como el hambre, y sólo se sacia de esta manera "…Es necesario que él crezca, pero que yo mengüe."(Juan 3:30)

Uno de los asuntos más difíciles de la adoración es el hecho que necesito enfocarme más allá de las cosas que creo que quiero y necesito. ¡Soy tan terrenal! Es casi imposible para mí imaginar a Dios, imaginar el enfoque celestial. Necesito observar más allá de lo que conozco y pedirle a Dios que me ayude a enfocar hacia Él.

Necesito un enfoque que me ayude a reconocer mi necesidad, mi dependencia total de Dios, una dependencia que me motive diariamente a ubicar a Dios como el todo del todo. Necesito un punto de enfoque que me recuerde que soy un ciudadano de otro reino, que vivo por una recompensa celestial. Necesito pedirle a Dios que vuelva a enfocar mi forma de pensar para poder adorarlo con mi vida.

¿Pero acaso "pedir" no es lo que mejor encaja en la oración? ¿Y en la alabanza no tanto?

Sí, por supuesto, pero eso no separa el pedir de la alabanza. Toda tu vida, incluyendo tu vida de oración, necesita estar inmersa en una actitud de adoración. Cuando pides en tus oraciones, reconoces a Dios. Le dices a Dios que dependes totalmente y completamente de Él. Tus oraciones extienden valor a Dios porque es de Él de quien esperas recibir algo. Estás poniendo tu confianza en Él. Dios puede brindarte lo que tú pidas.

En la petición reconocemos que existe una carencia real. Necesitamos un proveedor porque nosotros no somos capaces de proveer para nosotros mismos. Este reconocimiento es un acto de adoración porque eleva a Dios a la posición de ser nuestro "Jireh", nuestro proveedor.

Seis veces en el evangelio de Juan (11:22; 14:14; 15:7,16; 16:23-24), Jesús les recuerda a sus discípulos, que el Padre les dará todo lo que pidan en su nombre, ¿por qué? "Para que el Hijo glorifique al Padre." (Juan 14:13). Dios espera que nosotros le pidamos porque cuando Él responde, esto le da gloria a su nombre.

Cuanto más independientes somos, cuanto más difícil es para nosotros reconocer nuestras dificultades… Mientras tenga un buen salario, un trabajo estable con todos los beneficios médicos y una buena cantidad para mi jubilación, realmente no necesito a Dios como mi "Jireh", mi proveedor. Mientras que mi familia y amigos estén bien, realmente no necesito a Dios como mi "Jireh". Ahora, con esto no estoy diciendo que debemos desproteger y desamparar a nuestra familia y amigos para permitirle a Dios que sea nuestro proveedor. Simplemente estoy afirmando que cuanto más independientes seamos en esta vida, cuanto más diligentes necesitamos ser para depender de Dios. Corremos el riesgo de robarle la gloria.

Cuando podemos hacerlo todo por nuestra propia cuenta, esencialmente, le robamos de su gloria. Pablo mantenía la tensión en equilibrio cuando trabajaba laboriosamente para el Evangelio, pero siempre dirigía la alabanza a Jesús.

Puedo enfrentar cualquier situación porque Cristo me da el poder para hacerlo. (Filipenses 4:13—PDT)

No nos predicamos a nosotros mismos sino a Jesucristo como Señor; nosotros no somos más que servidores de ustedes por causa de Jesús. Porque Dios, que ordenó que la luz resplandeciera en las tinieblas, hizo brillar su luz en nuestro corazón para que conociéramos la gloria de Dios que resplandece en el rostro de Cristo.

Pero tenemos este tesoro en vasijas de barro para que se vea que tan sublime poder viene de Dios y no de nosotros. Nos vemos atribulados en todo, pero no abatidos; perplejos, pero no desesperados; perseguidos, pero no abandonados; derribados, pero no destruidos. Dondequiera que vamos, siempre llevamos en nuestro cuerpo la muerte de Jesús, para que también su vida se manifieste en nuestro cuerpo. Pues a nosotros, los que vivimos, siempre se nos entrega a la muerte por causa de Jesús, para que también su vida se manifieste en nuestro cuerpo mortal. Así que la muerte actúa en nosotros, y en ustedes la vida (2 Corintios 4:5–12).

Al que puede hacer muchísimo más que todo lo que podamos imaginarnos o pedir, por el poder que obra eficazmente en nosotros, ¡a él sea la gloria en la iglesia y en Cristo Jesús por todas las generaciones, por los siglos de los siglos! Amén (Efesios 3:20–21).

Otra manera de extender nuestra alabanza a Dios es estar de acuerdo con lo que Él desea hacer en nosotros y a través de nosotros. Dios utiliza nuestra alabanza para atraer a otros hacia Él. El Salmo 2:8 nos dice: "Pídeme, y te daré por herencia las naciones, y como posesión tuya los confines de la tierra." Nuestras vidas de adoración a Dios son rayos de luz a través de los cuales su evangelio es revelado a otros. Parte de pedirle a Dios por las naciones es permitirle que brille a través de nosotros para que su obra de justicia en nosotros sea visible para los que nos observan.

> *Si la Buena Noticia que predicamos está escondida detrás de un velo, sólo está oculta de la gente que se pierde. Satanás, quien es el dios de este mundo, ha cegado la mente de los que no creen. Son incapaces de ver la gloriosa luz de la Buena Noticia. No entienden este mensaje acerca de la gloria de Cristo, quien es la imagen exacta de Dios. Como ven, no andamos predicando acerca de nosotros mismos. Predicamos que Jesucristo es Señor, y nosotros somos siervos de ustedes por causa de Jesús. Pues Dios, quien dijo: "Que haya luz en la oscuridad", hizo que esta luz brille en nuestro corazón para que podamos conocer la gloria de Dios que se ve en el rostro de Jesucristo* (2 Corintios 4:3-6).

Necesitamos reconocer que Dios usará nuestras vidas de adoración para atraer a otros. En una iglesia que asistimos, el 40% de los asistentes eran refugiados: gente que habían escapado de países con mucha violencia y abusos para buscar refugio en Canadá y se habían encontrado en nuestra pequeña iglesia. No todos ellos tenían una relación personal con Jesús, algunos tenían compromisos de fe con otras religiones o no eran religiosos. Pero a medida que ellos eran invitados a servir en esta pequeña iglesia, abrazaron la cruz de Jesucristo en su diario vivir, y mientras se entregaban a un amor incondicional hacia los otros, el Espíritu Santo trajo fe, esperanza, amor y vida a la gente de muchas naciones.

Pedirle al Señor su provisión, su sabiduría y sus dones fue fundamental en el inicio y crecimiento de esta pequeña iglesia. Una de las cosas que constantemente le pedíamos a Dios en oración era que abriera los corazones de las naciones representadas en nuestra ciudad.

El Señor está transformando vidas en la zona de Victoria Hills en Kitchener y más allá, mientras los creyentes le piden a Dios por las naciones y empiezan a modelar un estilo de vida que adora a Dios. Algunos han demostrado su devoción a Dios vendiendo sus casas y mudándose a esta área, para poder estar en el vecindario, y así permitir que sus vidas brillen desde el jardín de sus casas. Y Dios está atrayendo a más gente a medida que las personas responden a su amistad, amor y aceptación.

Cuando nuestra adoración incluye: pedir conforme a su voluntad y a su propósito, nos conectamos con su poder. Entonces el poder de Dios impulsa nuestra alabanza y nuestras oraciones, y Dios actúa. Es aquí donde la petición y la alabanza colectiva se unen. Como Jesús dice en Mateo 18:19-20 (PDT):

> *En otras palabras, si dos de ustedes en la tierra se ponen de acuerdo en pedir algo, pueden orar por eso. Mi Padre que está en el cielo se lo dará, 20 porque donde se reúnen dos o tres en mi nombre, yo estoy allí en medio de ellos.*

Cuando oramos juntos, coincidiendo en que deseamos que Dios responda a nuestras peticiones grupales, Él responde realizando su deseo a través de los que coincidimos juntos en oración. Algunas veces, Él actúa motivándonos con energías creativas para encontrar la respuesta (o parte de la respuesta). Otras veces, Él actúa al moverse en las vidas de otros de manera que Él pueda trabajar en ellos. O también actúa milagrosamente. Cuando pedimos recibimos Y el hijo le da la gloria al Padre.

Estos son algunos principios que he aprendido con respecto a pedir:

1. *Pídale a Dios que le prepare para poder escuchar su voz, mientras usted se alista para la adoración.* El pedir resalta en su conciencia lo que va a hacer y le ayuda a concentrarse en alabar a Dios.
2. *Pídale al Espíritu Santo que le hable.* Invítelo a que le comparta sobre las cosas que Dios desea hacer en usted. Invítelo a que le revele sus visiones y sus sueños para su vida. Pídale a Dios que le muestre su amor por las naciones y que le muestre como puede dar a conocer la gloria de Dios por medio de su vida.
3. *Pídale a Dios que le ayude a escuchar.* Algunas veces necesitamos ayuda para poder escuchar, ya que frecuentemente nos distraemos en nuestra propia adoración. Dispóngase a responder a lo que el Espíritu está diciendo. Escriba las visiones y los sueños que Él trae a su mente, en relación a su servicio, sus relaciones personales y las aéreas de trabajo. Medite

sobre las cosas que Él le muestra y lo que hará para implementar esas cosas.

4. *Pídale a Dios constantemente que cumpla aquellas visiones y sueños para Su gloria y honra.* Jesús les enseñó a sus discípulos una parábola en Lucas 18:1 (NTV) … *para mostrarles que siempre debían orar y nunca darse por vencidos.* Sé persistente. Mantente enfocado. No permitas que la visión muera solo porque toma tiempo en cumplirse. Recuerdo un servicio de Santa Cena hace algunos años, cuando Peter Fehderau, un diácono amigo mío quien ya partió con el Señor, se puso de pie durante el momento de los testimonios para darle la gloria a Dios porque un amigo suyo, por quien él había estado orando durante 25 años, había entregado su corazón al Señor esa semana. Salté de entusiasmo y grité: "¡Sí!" Esa es la perseverancia, esa es la tenacidad y diligencia de la que Jesús habla. ¡No desfallezca! ¡Siga pidiendo!
5. *Crea que Dios está recibiendo la Gloria y la alabanza cuando escucha sus peticiones y después las responde.* No sólo nosotros celebramos cuando recibimos respuesta a nuestras peticiones sino que Él también celebra con nosotros y recibe la gloria y la alabanza por esas respuestas.
6. Presente su intercesión al momento de la alabanza congregacional. *Si ustedes creen, recibirán todo lo que pidan en oración* (Mateo 21:22 – PDT). El compartir la carga de la oración con los hermanos y hermanas en el Señor incrementa el espíritu grupal de adoración y aligera la carga de oración (muchas manos aligeran el trabajo; en la oración al igual que en el trabajo físico). También, la oración compartida trae una bendición compartida cuando las peticiones son contestadas. A Dios le agrada ver un grupo de creyentes trabajando juntos en oración e intercesión por un propósito en común que Él ha puesto en sus corazones.

Y tras el terremoto hubo un fuego;
pero el Señor no estaba en el fuego.
Pero después del fuego se oyó un sonido suave y delicado.
Al escucharlo, Elías se cubrió la cara con su capa, y salió y se quedó a la entrada de la cueva.
En esto llegó a él una voz que le decía: "¿Qué haces ahí, Elías?"
1 Reyes 19:12-13 (DHH)

CAPÍTULO OCHO

CONOCIENDO Y OBEDECIENDO A SU LLAMADO

Escuchando la voz del Espíritu Santo

Elías acababa de pasar por un momento culminante. Viviendo en una tierra que había rechazado al Dios de la creación, la gente se había tornado hacia los ídolos. Baal era el más popular. Elías tenía plena confianza en Dios, preparó algo parecido a un espectáculo de circo y le pidió a Dios que hiciera lo suyo. Y Dios lo hizo, con un rayo. Mientras Baal se rehusaba a prenderle fuego al sacrificio, sin importar que tan fuerte el pueblo gritara, la voz de Dios retumbó en las montañas. Y Él honró la fe de Elías al consumir el sacrificio con un fuego tan intenso que hasta los ladrillos se quemaron (1 R 19:18-19).

Después, Elías tuvo un pequeño contratiempo. Dios acababa de realizar un gran milagro en el altar y así puso fin a una sequía de tres años. Elías acababa de ver y escuchar a Dios ¡dos veces! Pero como la reina Jezabel estaba furiosa con él y buscaba matarlo, escapó aterrorizado y se escondió en el bosque. Dios mandó un ángel para darle fuerzas y guiarlo en un viaje de 40 días a una cueva en el Monte Horeb, donde Elías descansó. El Señor lo despertó y le dijo que saliera de la cueva para encontrarse con él, entonces salió y se quedó al lado de la montaña, esperando.

Mientras esperaba, sintió un terremoto. Pero Dios no estaba allí. Luego cayó fuego. Pero Dios tampoco estaba allí. Entonces, en un susurro apacible y delicado se encontraba la voz de Dios (1 de Reyes 19:1-13).

Para que Elías pudiera oír la voz de Dios, tenía que suprimir el ruido a su alrededor y escuchar. Se encontraba lejos de la cotidianidad de su vida. Estaba lejos de la gente. Estaba lejos de las cosas que conocía. ¡Y estaba un poco asustado por la reina Jezabel ¡de hecho estaba aterrorizado! ¡Tal vez más asustado por ella que por Dios! Dios tenía que llevar a Elías a un lugar donde él pudiera entender el maravilloso poder de la capacidad de Dios (¿Acaso no acababa enviar truenos y fuego desde el cielo para consumir el altar de Baal?) pero también para entender el simple, paciente y silencioso corazón de Dios.

Aunque esta historia representa una de las formas en las que Dios puede hablar (después de todo, Balán se detuvo en el medio de un camino y Dios le habló a través de su asno, Números 22:28), pienso que podemos aprender mucho de esto.

Antes de nada, Elías pudo discernir la voz de Dios y supo reconocerlo cuando habló. No reconoció el timbre o el formato, y eso le sorprendió. Pero Elías conocía muy bien a Dios, ya que, tuvo la capacidad de discernir cuando Él le habló, y también, estaba discerniendo lo suficiente para escucharlo.

Segundo, Dios no es predecible. Elías esperaba que Dios le hablara en el terremoto y en el fuego. Dios había hablado de estas formas antes. Era difícil comprender que Dios le hablara en un susurro apacible. Dios siempre se comparaba con el ruido, con lo grande y lo fuerte. Debemos estar preparados para que Dios nos hable de maneras inesperadas. Debemos conocer su voz de manera que, ya sea que Él hable en el fuego, en el terremoto o en el susurro apacible, de cualquier forma lo podamos escuchar.

La habilidad de reconocer a Dios y estar dispuestos a ser sorprendidos por su voz, llega cuando somos adoradores activos. Cuando aprendemos a conocer a Dios, a discernir sus caminos, y a callar nuestra voz y al ruido que nos rodea, podemos entonces comenzar a escucharlo. A medida que estudiamos las escrituras, entendemos mejor sus interacciones con su pueblo a través de la historia y a través del ejemplo de Jesús y el Espíritu Santo, y mejoramos nuestra capacidad para reconocer el timbre de su voz, sin importar las circunstancias.

Es fácil fingir que estamos escuchando a Dios, especialmente en un clima de adoración expresiva. A veces creemos erróneamente que el Señor sólo habla de una sola manera y suponemos equivocadamente que aquellos que dan la impresión de ser fieles veneradores del Señor, están en realidad alabándole en respuestas a lo que el Señor pone en sus corazones. Pero, a veces sólo están comprometidos con la música, o peor aún, su ego desea que otras personas piensen que están espiritualmente conectadas con Dios, pero solo es un "espectáculo" y no una interacción genuina con Dios.

Tengo un amigo que es un famoso líder de alabanza. Hace unos años me expresó su frustración con respecto a algunas personas que iban al servicio de alabanza y aparentemente entregaban todo en la adoración musical a Jesús. Todo lo que él observaba desde la plataforma hacía pensar que estas personas estaban embelesadas con su Señor y Salvador. Su lenguaje corporal y sus lágrimas daban evidencia a todos los que los observaban que se encontraban en ese momento especial, en ese lugar íntimo con el Creador del universo. Y muchos los envidiaban por eso.

Y sin embargo, mi amigo estaba muy frustrado al saber que a pesar de que la adoración pública del domingo por la mañana era elegante y extravagante, estas personas no tenían ningún tipo de adoración durante el resto de la semana, esta era inexistente. Una de estas personas estaba abiertamente inmiscuida en promiscuidad sexual. Algunos de sus amigos y miembros del equipo pastoral se le habían acercado para confrontar su pecado compasivamente pero ella permanecía con una actitud agresiva y sin arrepentimiento diciendo que *su* vida era suya, y lo que ella hacía con *su* vida era un asunto personal.

De manera que esta líder miraba *sus* aparentes ofrendas de alabanza a Dios, de la misma manera que los israelitas lo hacían en los días de Amos, esto fue lo que el Señor les dijo:

> *No aceptaré sus ofrendas quemadas ni sus ofrendas de grano. Ni siquiera prestaré atención a sus ofrendas selectas de paz. ¡Fuera de aquí con sus ruidosos himnos de alabanza! No escucharé la música de sus arpas. En cambio quiero ver una tremenda inundación de justicia y un río inagotable de rectitud* (Amós 5:22-24 – NTV).

Nuestra alabanza pública no significa nada si nuestras vidas privadas no están sincronizadas con el deseo de Dios de santidad y de pureza. No es que tengamos que ser perfectos para que nuestra alabanza sea aceptada. Dios acepta nuestra imperfección porque Él mismo la cubre y continuará cubriéndola con Su sangre. Pero necesitamos conocer y obedecer el llamado del Espíritu Santo mientras que revela cosas en nuestras vidas y cosas que necesiten ser evidenciadas, que necesiten un cambio.

El proceso de alabanza es sencillo: nosotros a Él, Él a nosotros, nosotros a otros. Nosotros le damos a Dios. Él nos habla: nos afirma, nos corrige, nos guía, nos consuela. A medida que nosotros le damos nuestra alabanza, Dios comienza a moldearnos, a tallarnos a su imagen. Y como resultado de la obediencia (de obedecer al Espíritu Santo) llevamos la fragancia de su presencia a otros.

Cuando oímos y obedecer al Espíritu Santo esto evita que nuestra adoración esté centrada en nosotros. Aunque el conocer y el obedecer a su llamado, casi siempre, comienza con nosotros, esto también nos invita a interactuar con los demás. La adoración no sólo nos cambia a nosotros, sino que también tiene un impacto en los demás.

Si nuestra alabanza es sólo una muestra externa o una respuesta expresiva a la adoración colectiva, y esta alabanza no se refleja en nuestras vidas, seguramente no estamos escuchando a Dios.

La verdadera adoración nos abre a las necesidades de los demás. Cuando alabamos en verdad y amor es más fácil darnos cuenta de que Él nos está hablando, aunque haya mucho ruido compitiendo por nuestra atención. Cuando alabamos, comenzamos a entender el propósito de Dios en nuestras vidas.

Nos volvemos más y más sensibles para saber qué es lo que debemos y donde él quiere que nos comprometamos con las naciones, aquellos en nuestros círculos sociales, en el estudio, el trabajo, en nuestras comunidades, nuestras ciudades, nuestros países, nuestro mundo.

Qué diferente serian nuestras comunidades, si todos los que aman a Jesús abrieran sus ojos y con todo su corazón hicieran esta oración: "Señor, en mi alabanza de hoy, ayúdame en todo lo que haga, hazme a tu imagen para que sea una extensión de tu presencia y un aliento para otras personas."

¡Creo que nuestro mundo sería revolucionado!

Aunque creo que la necesidad de la adoración contemplativa y de la sanidad interior es esencial para la vida de un adorador, tenemos que tener cuidado de no permanecer arraigados en esa limpieza. A la larga, nuestra fe nos lleva a un lugar de sacrificio, dando todo lo que podemos, todo lo que tenemos y todo lo que somos para servir a Jesús. Si verdaderamente estamos escuchando a Dios, escucharemos cosas que se aplican a nuestra vida personal. Dios pondrá al descubierto las áreas que no le agradan. Pero más que eso, mientras aprendemos a escuchar su voz, aunque nos sorprenda, nos volvemos más y más conscientes de las necesidades de los que nos rodean.

Cuando Jesús les dijo a los discípulos que se iba, ellos se sintieron destrozados. Jesús los había llevado en un viaje que había superado el conocimiento que tenían de Dios. Cuando llegaron a un pueblo nuevo, personas que no podían oír, repentinamente pudieron escuchar (Marcos 7:31–35). Una mujer que tan sólo tocó el borde del manto de Jesús fue sanada (Mateo 9:21–22). Diez leprosos, los cuales habían sido estigmatizados y rechazados por sus familiares, amigos y por sus comunidades, fueron tocados por Jesús y fueron sanados (Lucas 10:11–19). Un hombre con una enfermedad mental que lo había vuelto loco, fue sanado (Marcos 5:1–20). ¿Cómo podrían ellos continuar sin Jesús?

Pero veamos lo que Jesús dice en Juan 14:12-14 (NTV):

> *Les digo la verdad, todo el que crea en mí hará las mismas obras que yo he hecho y aún mayores, porque voy a estar con el Padre. Pueden pedir cualquier cosa en mi nombre, y yo la haré, para que el Hijo le dé gloria al Padre. Es cierto, pídanme cualquier cosa en mi nombre, ¡y yo la haré!*

Jesús cambió las comunidades en las que estuvo. Él le dijo a sus discípulos que todo aquello que pidieran en su nombre les sería concedido. Ellos tomaron su palabra y cambiaron su mundo y el nuestro por ella. ¿Y nosotros? ¿Qué pasaría si nuestras vidas estuviesen inmersas en la adoración a nuestro Señor y como resultado viviésemos con su poder? Eso es lo que espera Dios. Que su pueblo en la tierra viva una vida tan poderosa de manera que la gente que los conozca, de forma inmediata, le den la gloria a Dios (1 de Pedro 2:12).

Imagínense cómo sería nuestra comunidad si verdaderamente viviésemos como adoradores en el poder de Dios.

Aquellos que se sintieran desanimados se irían con ánimo.

Aquellos que hubieran pecado se irían perdonados.

Aquellos que tuvieran relaciones destruidas encontrarían esperanza para la reconciliación.

Aquellos que estuvieran enfermos empezarían a encontrar la sanidad por la oración que se haría por ellos.

Aquellos que vinieran cargados se irían sin el peso sobre sus hombros.

Aquellos que vinieran a la iglesia a dar, se irían habiendo recibido.

Los no creyentes se irían diciendo: "Dios está en ese lugar"

El escuchar la voz del Espíritu, no ocurre de una sola manera. Dios le habló a Elías en un susurro suave y apacible. Él le habló a Naamán a través de una niña pequeña. Les habló a los profetas por medio de sueños y visiones. En realidad, Él nos habla. Pero debemos conocerlo bien para poder reconocer su voz.

En San Juan capítulo diez, Jesús menciona cinco veces que sus ovejas reconocerán su voz (Juan 10:3, 4, 5, 16, 27) Una de las cosas que nos es dada como criaturas de Dios, es la habilidad de poder escuchar la voz del Creador. Antes de que fuésemos creyentes, ya habíamos escuchado la invitación de su Espíritu, que nos llamaba para que estuviésemos al lado del Padre (Juan 6: 44). Mientras maduramos debemos ser muy cautelosos para mantener la habilidad de escuchar la voz de Dios. No podemos depender de nuestros conocimientos o de nuestras experiencias. El acto de adorar y de escuchar la voz de Dios es algo activo.

A medida que crece nuestra fe, aprendemos a escuchar a Dios con más claridad. Algunas veces, Gayle bromea y dice que ella desearía que Dios le mandase un correo electrónico en la mañana con la planificación del día para que ella sólo tuviera que seguir las instrucciones. Eso suena muy conveniente. Pero sé qué podría suceder: Primero que todo, es muy probable que ella piense que se trata de un correo electrónico no deseado. Segundo, en algunas ocasiones la tarea parecería tan difícil que sería tentador no abrir el correo electrónico ese día. Otras veces, el mensaje podría ser tan extraño que no tendría ningún sentido tenerlo en cuenta.

Dios es digno de confianza y no nos llevará por el camino equivocado. Yo creo que Jesús les enseñó a sus discípulos y nos enseñó a nosotros, la importancia de discernir la voz del Espíritu Santo. Si tratamos de vivir nuestras vidas sin nutrir el deseo y sin nutrir la habilidad creciente de escuchar y responder a la voz del Espíritu Santo, lo que hacemos es invitar a la derrota.

Hay personas que sostienen que el intentar escuchar la voz del Espíritu Santo es sólo una invitación para que el enemigo nos desvíe del buen camino. Pero esto no es lo que la Biblia nos enseña. En San Juan capítulo 10, Jesús dice que sus ovejas lo seguirán porque ellas reconocen su voz. De hecho, Él dice que su rebaño no seguirá a nadie cuya voz no reconozcan.

Es interesante que a veces tengamos más fe en que Satanás nos pueda hablar y desviarnos de nuestro sendero, que en que el Espíritu Santo pueda hablarnos y guiarnos en sus caminos. El evangelio de Juan registra muchas de las razones que Jesús nos da a la necesidad de que el Espíritu Santo more, hable y nos incite:

> El nos guiará a toda la verdad (Juan 16:13).
>
> El nos recordará todo lo que Jesús dijo (Juan 14:26).
>
> El nos ayudará a conocer la mente y la voluntad del Padre, y nos ayudará a obrar como lo hizo Jesús (Juan 5:19-20 y 8:28).
>
> El nos ayudará a mantener nuestra adoración real (Juan 4:23).
>
> El levantará nuestra conciencia a las necesidades de los demás y nos dará el poder para suplir esas necesidades (Jesús dijo que nosotros podríamos hacer las cosas que Él hizo y cosas aún mayores, Juan 14:12).
>
> Él les mostrará el reino de Dios a las personas por medio de la demostración de su poder en nosotros, los creyentes, así como Jesús lo hizo (Juan 14:12).

> El nos guiará al hablarnos. Su rebaño reconocerá su voz y lo seguirá (Juan 10:3, 5, 16 y 27).

Dios nos está hablando a través de su Espíritu Santo. Él desea que nosotros aprendamos a conocer su voz, a escuchar y a obedecer, para que su obra se multiplique en toda la tierra. A continuación les presento algunos de los pensamientos que he tenido y algunas de las cosas que hago que me ayudan a escuchar el llamado del Espíritu Santo:

1. *Saque tiempo durante la semana para escuchar la voz del Espíritu.* Si ya tiene un horario establecido para leer la Biblia y orar, entonces escoja un día de la semana en donde se presentes delante del Señor y en lugar de leer otra vez, pídale al Señor que le hable a su corazón. Puede ser que le recuerde un pasaje de la Escritura (una buena excusa para convertir en hábito el aprendizaje de Su Palabra). Puede ser un acto de gracia o de misericordia que usted vio en otra persona y al que Dios le incita a responder. Puede ser que escuche Sus suaves palabras de afirmación y aceptación.
2. *Cuando adore, individualmente o en grupo, pídale al Espíritu Santo que abra sus oídos para escuchar cómo es que Él desea que usted responda en la adoración y en su relación con los demás.* Pueda ser que Él le recuerde de algún incidente que necesite ser corregido, perdonado o manejado de cierta manera. Pueda ser que le mueva a orar por otra persona, incluso puede sentir que debe orar por alguna área en particular. Pueda ser que le pida que se arrodille, aunque todos los demás estén de pie, o que levante las manos y dance aunque nadie más lo esté haciendo – un verdadero sacrificio de alabanza.
3. *Cuando el Espíritu Santo le pida hacer o decir algo, dispóngase a obedecerlo.* En algunas situaciones podrá obedecerlo inmediatamente. Pero algunas veces, en la adoración colectiva, debe decidir si es más apropiado dejar la incitación del Espíritu para después, para no interrumpir lo que Dios está haciendo con los demás. Si Él le recuerda un conflicto en alguna relación con

alguien que no está presente en ese momento, trate de llamar o ver a esa persona tan pronto como sea posible, después del servicio, para que su adoración fluya en obediencia mientras se reconcilias con los demás. Pueden haber momentos en los que la incitación parezca ser un poco fuera de lo común, pero si no contradice la Escritura, obedezca. Confíe en que Dios le está guiando en su amor.

4. *Entienda que usted puede equivocarse.* En muchas ocasiones, no sigo la incitación del Espíritu porque no quiero equivocarme, no quiero fracasar. Pero obtenemos un mejor entendimiento de la voz del Espíritu cuando lo examinamos por medio de la obediencia a través del tiempo (incluso si algunas veces lo malinterpretamos y nos equivocamos) que cuando lo ignoramos por completo por temor a creer que lo escuchamos mal.

Animémonos unos a otros con las palabras dadas a cada una de las sietes iglesias en Apocalipsis 2 y 3: *Todo el que tenga oídos para oír debe escuchar al Espíritu y entender lo que él dice a las iglesias…* (Apocalipsis 2:7, 11, 17, 29; 3:6, 13, 22 – NTV).

Si confesamos nuestros pecados,
Dios, que es fiel y justo,
nos los perdonará y nos limpiará de toda maldad.
1 Juan 1:9

CAPÍTULO NUEVE

LA CONFESIÓN

Un acto de obediencia

En el templo judío, los jóvenes sacerdotes temblaban cuando se ponían a pensar en el momento en que llegaría su turno para ingresar al lugar santísimo. Ellos habían escuchado historias de lo que les sucedía a los sacerdotes cuando entraban sin purificarse. De hecho, desde que el sacerdote entraba tenía que atarse una cuerda alrededor de su cintura. Si estaba en pecado moría y los otros sacerdotes lo jalaban hacia afuera con la cuerda que colgaba desde la entrada.

Si no tuviésemos la protección de la sangre preciosa de Jesús, no pudiésemos estar delante de Dios. Dios, por su misma naturaleza, no puede aceptar nuestra naturaleza pecaminosa. Los hombres y las mujeres que vivieron antes de Cristo, tenían que ofrecer sacrificios en el templo para purificar sus vidas. Pero aún en esos días de sacrificios tangibles, Dios esperaba un corazón humilde y arrepentido. Él rechazaba los sacrificios de las personas cuando sus corazones y sus acciones no reflejaban la integridad y la pureza de Dios.

Es imposible, permítanme enfatizarlo de nuevo, ¡es imposible! adorar cuando tenemos pecado en nuestra vida. Cuando verdaderamente adoramos, nuestras vidas reflejan la pureza de Dios. No es un proceso que ocurre de la noche a la mañana, incluso Pablo estaba frustrado por su humanidad. En la carta a los romanos, él considera la ironía de todo esto. Él continuamente hace lo que no quiere hacer. Como si su cuerpo pecaminoso le hiciera la guerra a la pureza de su corazón (Romanos 7:18-19). Y, al igual que Pablo, no estamos solos para luchar por nuestra propia cuenta. Pero Jesucristo nos ha dado el poder para cambiar.

Ese poder está disponible para nosotros de diferentes maneras. Una de ellas es por medio del poder de la confesión. Cuando confesamos nuestros pecados, Él es fiel y justo para perdonarnos. Si confesamos nuestros pecados, cambiaremos. Cuando adoramos, nuestros pecados son más aparentes; la adoración es como ponerse ropa blanca (sucia) al lado de ropa blanca (nueva). Cuando estamos delante de Jesús, nuestro pecado es más evidente. Cuando estamos delante de Jesús, el pecado en nuestras vidas se hace más claro y fácil de reconocer.

El cambio hacia la santidad ocurre cuando reconocemos nuestro pecado y lo confesamos. Cuando estamos delante de Dios en adoración, debemos presentarnos con el conocimiento de que Dios odia el pecado. Tener la osadía de acercarse a Dios con un corazón impuro, arrogante y sin arrepentimiento, es pecado.

De ninguna manera estoy olvidando ni subestimando el maravilloso regalo de Cristo de perdón para nuestros pecados pasados, presentes y futuros. Sí, Dios ya perdonó nuestro pecado, Él nos ve sin mancha, por el sacrificio que hizo Cristo Jesús por nosotros. ¡Su valioso regalo nos permite acceso al padre en todo momento, sin importar nuestra condición espiritual, porque Él ha pagado todas nuestras deudas! ¡Esto lo sé y lo valoro! Pero muy a menudo vivimos vidas de egoísmo, consumo y exceso como si su gracia, su regalo para nosotros no valiera nada. Y nuestras vidas no reflejan la gracia de Dios que transforma vidas ni la invitación a dejar de lado lo viejo por lo nuevo (2 Corintios 5:17).

Podemos escoger. ¿Hemos vivido con corazones que han sido cambiados? ¿O simplemente vivimos con la apariencia de que Dios nos cambió? La verdadera adoración es la que se atreve a confrontar el pecado; la que nos anima a confesar mutuamente nuestras deficiencias, y a confesar las vulnerabilidades.

La Escritura nos invita a examinarnos a nosotros mismos. Y en el momento en que nos recuerde que alguien tenga algún motivo para estar en conflicto con nosotros, debemos ir y arreglar la situación con nuestro hermano o hermana (Mateo 5:23-24).

La confesión es un acto de obediencia y adoración. No podemos adorar sin haber entendido nuestra pecaminosidad. No podemos cambiar sin haber pedido perdón, y no podemos reconocer nuestras necesidades sin pedir perdón. Cuando estamos cara a cara con nuestro pecado, no tenemos otra opción que confesar, y buscar el perdón para hacer las cosas bien.

Primeramente, la confesión es parte de nuestra relación con Dios. Cuando decepciono a mi mujer por negligencia, descuido o pecado (intencionalmente o no) las excusas no restauran la confianza en nuestra relación. El evitarse no abre canales de comunicación. Tomar responsabilidad del hecho que he fallado es el punto de partida para restablecer una buena relación con ella. Reconocer que hemos fallado en nuestra relación con Dios y tomar responsabilidad nos reconecta con Él. No, Dios no nos ha dado la espalda ni ha dejado de amarnos porque pecamos. ¡Él nos ha perdonado completamente por todo lo que hemos hecho, lo que haríamos y lo que haremos! Es Él quien siempre inicia, nos invita a Él, siempre buscando restablecer la relación, siempre reconstruyendo nuestros lazos rotos. La confesión nos restablece con Él. ¡Reabre la comunicación por nosotros! Dios está siempre listo para comunicarse, pero se necesita que nosotros también queramos comunicarnos con Él.

Esto lo logramos por medio de la confesión. Jesús les enseña a sus discípulos que la oración de confesión es una clave, la cual se encuentra casi al principio de la oración: *Danos hoy el alimento que necesitamos, y perdona nuestros pecados, así como hemos perdonado a los que pecan contra nosotros. No permitas que cedamos ante la tentación, sino rescátanos del maligno* (Mateo 6:11-13 – NTV). El Padre Nuestro (o mejor dicho, La oración de los discípulos), es el modelo que nos da Jesús para comunicarnos con Dios. Aunque es una oración breve, contiene todos los elementos de una comunicación sana y abierta con Dios. Y ser honestos y abiertos sobre nuestras fallas, nuestros pecados, es parte esencial de ese proceso.

Pero la confesión no es sólo una parte esencial de nuestra adoración a Dios, la confesión es también una parte esencial de estar en comunidad con los que Dios nos llama a vivir. ¡Donde haya dos o más personas reunidas, habrá diferencias de opiniones! Vivir en comunidad con otros seguidores de Cristo no siempre es fácil. Nos decepcionamos los unos a los otros, chismoseamos y a veces nos calumniamos. Nos enfadamos los unos con los otros (por tonterías) y esto trae tensión, desconfianza y sospecha a nuestras relaciones. A la larga esto puede destruir un grupo de creyentes, a menos que nos humillemos, admitamos nuestras fallas y las confesemos los unos con los otros. La confesión es un elemento necesario entre los que aman a Dios. Santiago escribe: *Confiésense los pecados unos a otros y oren los unos por los otros, para que sean sanados. La oración ferviente de una persona justa tiene mucho poder y da resultados maravillosos* (Santiago 5:16 – NTV). Él entendió que una iglesia sin comunicación abierta, incluida la confesión, se deterioraría y la base que Jesús estableció se carcomería gradualmente.

La confesión es la adoración que nos libera, que nos sana. Cuando confesamos nuestro pecado, confiamos en que estamos siendo libres de las ataduras. Recuerdo que cuando era niño y desobedecía a mis padres, me sentía mal. Al principio era el simple temor de ser castigado. Pero después, venía el terrible sentimiento en mi estómago que no desaparecía. Y si trataba de irme a dormir sin decirle a mi mamá o a mi papá lo que había hecho, no podía conciliar el sueño. Aunque se hubiese pasado la hora de irme a dormir, me levantaba en llanto e iba a confesarlo. Y cada vez, aunque me castigaran, sentía como si un gran peso se me hubiese quitado de encima.

Desafortunadamente, mientras crecemos, nos desensibilizamos a ese tipo de presión del Espíritu Santo. Nos volvemos más expertos en esconder nuestros pecados y sacarlos de nuestra mente. Nos convencemos que admitir nuestros pecados, arruinaría nuestra reputación y pondría una mancha en el poder de Dios para impedir que esto le ocurra a su gente. A la larga, el peso del pecado continúa creciendo e interfiriendo en nuestra relación con Dios.

Cuando confesamos nuestros pecados, cuando articulamos nuestros pecados, podemos empezar a enfrentarlo. Confesar nuestras falencias a los demás, es algo difícil. Por ejemplo, es difícil confiar en alguien. Casi todos nosotros hemos tenido experiencias en las que hemos confiado en alguien y hemos salido lastimados. Pero la iglesia que está en adoración es una iglesia que practica la confesión pública.

Nadie desea sacar sus trapitos al sol, o si vamos al caso, escuchar que otros sacan los suyos. Nuestro orgullo y sentido de individualismo intentará hacer todo lo posible por rescatar nuestra buena imagen. Como cristianos, la parte clave de esa imagen es mantener nuestro pecado oculto. Pero un acto de adoración que intente negar el pecado al que Dios quiere que hagamos frente, a la larga, nos roba su verdadera expresión. Sin una confesión obediente, nuestra adoración rápidamente se convierte como en algo nauseabundo para Dios. El lenguaje utilizado en las Escrituras es fuerte. Tus sacrificios impuros le dan a Dios ganas vomitar (Marcos 7:14-23; Apocalipsis 3:15-17).

La confesión es una preparación. La confesión abre las puertas a la adoración. Cuando nos presentamos limpios delante de Dios, Él nos puede hablar claramente. La verdadera adoración es mucho, mucho más que la agradable sensación que provoca el estar cerca de Dios. Algunas veces, la adoración es una horrenda fuerza que arrastra nuestro pecado profundo y oculto hacia la superficie. Otras veces, la adoración es dolorosa.

Pero en ese momento tenemos el potencial para cambiar. Nuestra adoración invita a Dios, para que revele aquellas cosas que Él desea cambiar en nosotros. Solo cuando nos acercamos a Dios en adoración, en santidad, confesando nuestros pecados y preparando el camino para la voz de Dios, Él puede romper las barreras que impiden el crecimiento y la madurez.

La confesión corta la máscara de la apariencia. Esto es un milagro en un mundo donde se elogia a los maquillistas. La confesión es una de esas cosas que hace sazonar (estar salados) a los que aman a Dios. A diferencia del mundo en donde vivimos, los verdaderos adoradores del Dios viviente, viven un estilo de vida que da, que reconstituye y es relacional. Mientras que la competencia, la autosuficiencia y la arrogancia definen al hombre y a la mujer de este mundo, Dios lo invierte completamente. Un adorador posee un estilo de vida que muestra la gracia y el perdón viviente de Dios. Otros ven la gracia extendida de Dios dentro de la comunidad de fe… o no lo ven.

La confesión de Dios es una de las cosas más difíciles en la iglesia. A Satanás le encanta arruinar nuestras relaciones. A él le gusta mucho tomar una relación donde hay confianza, y destruirla. Porque sabe que si los que aman a Dios viven en confesión, en perdón y en adoración podrían poner el mundo de cabeza. Y él hará todo lo que esté a su alcance para impedirlo.

La demolición de lo viejo, de la corrupción y de lo podrido sirve para construir lo sano, lo hermoso y lo fuerte. ¡Imagínense que la iglesia fuese una verdadera comunidad de reconciliación! Donde la gente de cualquier edad tuviese la libertad para confesar sus pecados, conceder el perdón y después, en amor, restaurarse el uno con el otro en el nombre Jesús. ¡Ah!

El Salmo 66:18 dice: "*Si en mi corazón hubiera yo abrigado maldad, el Señor no me habría escuchado.*" En la adoración Dios nos invita a ser más y más como Jesús, a ser transformados a su semejanza. En cada oportunidad, Él nos da la habilidad para poder romper la atadura que el pecado tiene sobre nosotros.

El tiempo para la confesión pública, el arrepentimiento y la intercesión nos puede ayudar a construir la iglesia, porque los no creyentes que se encuentren en el servicio de alabanza, se darían cuenta que Dios está en medio de su pueblo: Dios tocando el corazón de otras personas, sanando las heridas de las personas, rompiendo las habituales cadenas de pecado, ayudando a construir su iglesia. No en un lugar de especímenes casi perfectos de ardua santidad, sino en un lugar de crecimiento y de madurez.

El avivamiento que se dio durante la reforma consiguió que las personas se arrodillaran, que confesaran sus pecados los unos a los otros sin necesidad de un confesionario o de un sacerdote.

Pero a medida que la iglesia se ha sentido más cómoda dentro de sí misma, la confesión se ha dejado de lado. Algunos sectores del cristianismo evangélico han tenido la tendencia de abandonar por completo la confesión pública de pecados excepto en el caso que la persona venga a Cristo.

Pero las confesiones no solo se comparten con el fin de sentirnos bien, por haber dejado la culpa del pecado atrás y marcharnos para seguir viviendo de la misma forma que lo hacíamos antes. Soltamos nuestro pecado y después nos damos la vuelta para cometer el mismo pecado, este no es el plan de Dios. La confesión es el primer paso hacia un comportamiento de cambio. Algunas veces, el cambio viene lentamente, pero la verdadera confesión con un corazón contrito lleva al cambio.

La confesión es un acto de adoración. Nosotros confesamos nuestras faltas los unos a los otros como un acto de reverencia a Dios, para que Él pueda continuar reivindicando nuestras vidas y nuestra forma de vida. Para que Él continúe limpiándonos y purificándonos.

Ha existido una inmensa cantidad de literatura y de material de autoayuda con los temas de compañeros de responsabilidad, de mentores y de consejeros espirituales cuyo propósito primario ha sido de caminar al lado suyo para que usted se enfoque en su viaje espiritual. Lo hermoso de estas relaciones es que proveen un ambiente seguro y sin prejuicios en el que se pueden confesar y perdonar nuestros pecados los unos a los otros. Su mentor y su guía espiritual están allí para que pueda rendirles cuentas, para que recordarle las decisiones que usted ha decidido tomar y el camino que decidió seguir. Están con usted en su más profunda desesperación y en el momento en que esté experimentando un gozo incontenible. Están allí cuando esté en el altiplano o cuando tenga dificultad de caminar a través del valle. Le animan, y cuando sea necesario, le confrontan.

Una vez me tocó ministrar en una congregación bilingüe en español-inglés, en Archibald, Ohio. Había sido invitado a impartir un seminario de adoración el viernes y el sábado, y después a predicar el domingo por la mañana.

Mientras adorábamos el domingo por la mañana, Dios empezó a obrar en mi corazón. Primero, Él trajo una convicción a mi corazón con respecto a una mentira que yo le había dicho al pastor y a su esposa. Yo les había contado a ellos una historia el viernes por la tarde en el recorrido del aeropuerto a la iglesia. Me había sentado al lado de una misionera de los testigos de Jehová, en mi vuelo desde Toronto. Tuvimos una buena conversación, pero el viaje terminó antes de que yo terminara de decirle todo lo que tenía pensado decirle. Adorné la historia cuando se la conté al pastor y a su esposa para que sonara mejor de lo que en realidad había sido. Al final de la conversación dije que tuve la intención de decirle lo que pensaba, pero no tuve tiempo de hacerlo.

Dios me pidió que confesara mi pecado. Sabía que tenía razón, le dije que iba a hablar con el pastor y su esposa después del servicio. Pero el Espíritu Santo replicó, ¡No, te pido que lo confieses abiertamente enfrente de toda la congregación antes de predicar!

¡Sinceramente yo no quería hacerlo!

Entonces, como si no fuese suficiente: "Tenía que confesarle mis deficiencias a una iglesia que no me conocía realmente, y que además, me había pagado para darles una charla". El Espíritu Santo me pidió que hablara de un tema diferente.

La flexibilidad no es uno de mis mejores dones; Me gusta tener siempre todo bien planeado y decidido antes de cualquier evento. No me gusta cambiar los planes a mitad del camino. Pero el Espíritu Santo claramente me indicó que el sermón que había preparado tenía que archivarlo y que tenía que predicar sobre (Mateo 14) cuando Pedro se baja de la barca.

La alabanza concluyó y el moderador se levantó para presentar al predicador invitado: "...un hombre de Dios que ya nos ha bendecido con sus enseñanzas y su ministerio con los grupos de alabanza este fin de semana. ¡Qué honor es tenerte aquí en esta mañana y que nos puedas predicar la palabra de Dios!"

¡Caracoles! ¿Por qué tuvo que decir eso? Después de una presentación como esa ¿Cómo el hombre de Dios iba a confesar abiertamente que era un mentiroso? ¡Oh Jesús! Este hubiera sido el momento perfecto para tu segunda venida. Yo no quería confesar nada ese domingo. Ni tampoco quería hablar. Me hubiera encantado encontrar un agujero en el suelo para meter mi cabeza.

Pero por la gracia de Dios, obedecí. ¡Tal parece que Dios nos enseña sobre la humildad a través de la humillación!

Mi honestidad (y mi humillación) le dieron al Espíritu Santo una poderosa oportunidad para cambiar a la congregación aquella mañana. Como ven, el Espíritu Santo me dirigió en caminos de verdad. Él vio a través de la mentira y en su gracia me ofreció su poder para impactar a esta iglesia.

Mi confesión inicial le dio un contexto al mensaje que Dios quería que predicara. Me arriesgué. Dios me dio un poderoso mensaje sobre el momento en el que Pedro se bajó de la barca y caminó sobre las aguas hacia Jesús. Muchas personas respondieron al llamado al altar de seguir tomando riesgos por Jesús. El pastor me comentó después, que casi la mitad de las personas que pasaron al frente eran sus ancianos, quienes estaban teniendo dificultad para discernir la dirección de Dios con respecto al rumbo que debían tomar como iglesia. Muchos de ellos no estaban en la disposición de tomar un paso de fe. El pastor mencionó que había sido un mensaje de Dios para su congregación. Dios sabía que el mensaje que había preparado para esa mañana no era el adecuado. Él sabía que el mensaje correcto para esa mañana era una demostración de una confesión humilde y el llamado a arriesgarse para el beneficio de su reino.

Esa experiencia aún me sigue conmoviendo, sobre todo cuando recuerdo que mi propia confesión de pecado abrió las puertas para que Dios hablara en ese momento. A pesar de los escombros de la mentira, Dios llevó a cabo sus propósitos. Pero es más escalofriante pensar en las tantas veces que he perdido la oportunidad de exponer el mensaje personal de Dios a un grupo de personas, porque no estoy escuchado bien o porque mi pecado está bloqueando la voz de Dios.

No estoy seguro si en cada servicio semanal se necesita hacer una confesión pública. De hecho, temo que se convierta en una tradición o que se convierta en un espacio de relleno dentro del servicio y que rápidamente pierda su impacto. Pero sin lugar a duda, como adoradores debemos invitar a las personas a que le rindan cuentas a Dios y a los demás. Estoy seguro que el poder de la iglesia se multiplicaría muchísimas, y muchas veces, si confesáramos nuestros pecados los unos a los otros para poder despejar el camino a la voz de Dios. Creo que la renovación y la restauración pueden ocurrir, pero deben comenzar con la confesión.

Estas son algunas de las cosas que he aprendido acerca de la confesión.

1. *Ríndale cuentas a Dios.* No permita que el pecado se acumule. Cuando Dios le muestre sus áreas débiles, ¡enfréntelas y trate de cambiarlas!

2. *Busque un amigo que le acompañe en el camino.* Pídale a Dios que le ayude a encontrar a alguien que pueda ser su confidente. Este amigo debe de estar dispuesto a retarle y usted debe estar dispuesto a escucharlo con un corazón abierto.
3. *Debe entender que cuando su pecado impacta a otros, tiene que llegar a la raíz del problema.* Si usted ha herido a alguien o si ha dañado una relación, debe hablar con esa persona. Hágalo cara a cara, haga todo lo posible para que sea de esta forma. ¿Es difícil? Sí que lo es. Nuestro orgullo nos impide reconocer que hemos fallado. Pero buscar a esa persona y pedirle perdón es la única forma de quitarnos la carga.
4. *Rete a los líderes de su iglesia, para que incluyan momentos de confesión durante el servicio.* No se trata de ofrecer una oportunidad para el chisme ni para andar chismeando los errores de la gente. Es para ayudar a fomentar la apertura a Dios permitiendo que él se mueva entre la congregación y haya un lugar para responder a su llamado.
5. *Si usted es uno de los líderes de su congregación, escuche la voz de Dios hablando a través suyo.* Dios no siempre hace las cosas de la misma manera. Cuando era pastor de jóvenes a los 35 años de edad, me puse de pie frente a la congregación listo para dar mi sermón. De repente, el peso del incontenible amor de Cristo en medio de nuestra preocupación y de nuestro pecado no confesado fue tan grande que cuando abrí mi boca para hablar, lo único que salió de mi boca fueron sollozos. Por veinte minutos (mientras Gayle lentamente desfallecía en las bancas) lloré. Pero ese mensaje sin palabras movió el corazón de los hombres y mujeres que Dios deseaba tocar en esa mañana.
6. *Únase a un pequeño grupo de personas que estén comprometidas con el crecimiento y el aprendizaje mutuo*, que se preocupen y que estén dispuestos a abrirse los unos a los otros, dispuestos a confesar sus pecados para, de este modo, reciban la sanidad del Señor.
7. Siempre obedezca a la incitación más mínima del Espíritu Santo.

Qué hermoso es ver sobre los montes los pies del mensajero que anuncia la paz, que trae buenas noticias, que anuncia salvación, que le dice a Sion: "¡Tu Dios es rey!"
Isaías 52:7 (PDT)

CAPÍTULO DIEZ

PROCLAMAR

Haciendo público lo que Dios está haciendo

Las historias de la Biblia toman un valor casi mítico. Algunas veces perdemos la realidad de nuestro Dios, un Dios que puede transformar nuestras vidas de forma dinámica. El Dios que le puede dar la vista al ciego, hacer que el sordo oiga, hacer que el cojo camine, y sanar al enfermo.

¿Será que solo estamos comprendiendo las historias intelectualmente? ¿O será que las estamos viviendo en realidad? ¿Vivimos una vida tan segmentada que, por una parte, declaramos que creemos que lo que la Biblia dice es verdad y que realmente ocurrió, y sin embargo, por otro lado, nunca buscamos su continua actividad milagrosa, grande o pequeña, en nuestras vidas? ¿Servimos a un Dios que sólo existe y actúa en el pasado? Si las Escrituras enseñan que Dios es el mismo ayer, hoy y siempre, ¿entonces ya no actúa hoy en día? Y si Él está obrando hoy de forma activa, tenemos que ser proactivos y buscar maneras de animar a otros en las obras que Él está haciendo.

La palabra "proclamar" significa: hacer declaraciones valientes y abiertas. Podemos utilizar palabras como: anunciar, gritar, declarar, alardear, anunciar. La expresión "caminar en adoración" significa que nosotros vamos a proclamar valientemente las cosas que Dios está haciendo en nuestras vidas, en las vidas de nuestros amigos, en nuestra comunidad y en nuestro mundo.

Todos sabemos lo que significa "anunciar o publicar". Las compañías anuncian sus productos para que la gente los conozca y los compre. Sabemos que las personas compran productos con los que se sienten cómodos. Si vemos un producto en la televisión, en revistas o en carteles publicitarios, nos sentimos confiados de comprarlo, o al menos considerarlo. Y cuando mucha gente habla de sus experiencias con un producto, nos volvemos más conscientes de ello y estamos dispuestos a considerar su uso.

Sucede lo mismo con la expresión: "publicar". Publicamos o divulgamos algo que queremos que los demás sepan o conozcan. Cuando alguien se compromete en matrimonio o recibe un ascenso en el trabajo, o cuando un bebé nace o una persona lleva a cabo una gran hazaña, lo hacemos público. Publicamos biografías de las personas que han tenido impacto en nuestra sociedad. Publicamos libros que tienen información, conocimiento, e historias que nos encantaría que la gente también conociera. Publicamos nuestras recetas favoritas y chistes flojos.

Como adoradores, debemos anunciar y hacer públicas las bondades de Dios, y las cosas que Él está haciendo en nuestras vidas y en nuestro mundo. Proclamamos los atributos de Dios. Anunciamos las obras de Dios. Declaramos los nombres de Dios y carácter. Nos jactamos de su provisión. Compartimos momentos en los que hemos experimentado su compasión y consuelo.

Al proclamar a los demás los hechos y los atributos de Dios, en ese momento, yo aplico mi entendimiento acerca de Dios en el mundo real. Cuando oro que Dios pueda impactar mi vida de una manera dinámica, que no tenga que esforzarme para ver sus atributos, necesito estar atento para ver la mano de Dios obrando en mi. Y cuando reconozco las cosas que Dios está haciendo en mí y alrededor mío, no puedo resistirme a contarles a otros. Más que eso, yo adoraré porque Dios es más grande que mi capacidad humana. En muchas maneras, no puedo entender a Dios, aunque pueda hablar de sus atributos. Dios es más grande de lo que se pueda decir. Pero mientras aprendo a compartir un solo fragmento de su gracia y de su bondad, es mi deber alabarlo de formas más relevantes, plenamente comprometido con Dios quien participa activamente en mi vida, hoy en día!

Dar testimonio de lo que Dios está haciendo en nuestras vidas, especialmente en ambientes donde el pueblo de Dios se reúne, les da ánimo a otras personas para que cuenten sus propios testimonios. Aunque la palabra "compartir" tenga la connotación de fogatas y de reuniones para dar testimonios, necesitamos dejar en el pasado el bagaje y hablar de lo que Dios está haciendo en nuestras vidas. Muchas veces utilizamos la Escritura o los testimonios de otras personas para contar las bondades de Dios. Cuando caminamos en adoración y le seguimos los pasos , Él hace cosas grandes en nuestras vidas. Cuando divulgamos las obras de Dios, invitamos a otros a regocijarse con nosotros. Más que eso, ayudamos a los demás para que puedan ver a Dios en sus vidas. Si no tenemos ningún testimonio, y ninguna necesidad de proclamar y anunciar las obras del Señor, entonces, ¿será que tenemos comunión con Él?

La proclamación de las obras de Dios invita a que los curiosos y buscadores vean más allá. Como adoradores, debemos proclamar sus bondades, los que buscan a Dios, vendrán a descubrir los misterios que nosotros hemos encontrado. En cada avivamiento, la Palabra se esparce como fuego. La gente se acercaba a aquellos que amaban a Dios, porque habían encontrado algo que no era posible encontrar en ningún otro lado. ¡La gente no sólo hablaba del Dios, que hizo las cosas en la Biblia, ellos estaban hablando acerca del Dios que estaba haciendo las cosas hoy en día! Cuando anunciamos las obras de Dios, señalamos el camino para que los buscadores encuentren a Dios.

Vivimos en una época en la que la búsqueda espiritual tiene mucha demanda. La gente no está buscando respuestas en la ciencia o en la educación, sino en todo tipo de fuentes espirituales. Los brujos, videntes, el espiritualismo de la nueva era y las religiones alternas están floreciendo. ¿Se están perdiendo estos buscadores espirituales del encuentro con el único y verdadero Dios, porque sus seguidores no están haciendo alarde de lo que Él está haciendo ahora, hoy en día en sus vidas? ¿Nos hemos vuelto demasiado tímidos para hablar de una manera atractiva y significativa acerca de lo que hemos vivido en la iglesia y en nuestros hogares?

Varias cosas suceden cuando proclamamos a Dios:

- Nuestra alabanza nos muestra quién es nuestro Dios, cómo es en realidad, qué es lo que ha hecho, qué es lo que está haciendo y qué es lo que hará.
- Los que aman a Dios se unen y son capaces de actuar como una fuerza unida guiada por una visión en común.
- Los curiosos y los que están buscando algún tipo de conexión espiritual con Dios, comienzan a sentir un anhelo por conocer a ese Dios.

Nuestra proclamación revela nuestro conocimiento de Dios. Cuando compartimos con los miembros de nuestra comunidad y les decimos que Dios es aquel que nos provee, estamos forzados a identificar conscientemente las formas en las que Dios está actuando en nuestras vidas. Estamos conscientes en Dios, no en nuestra habilidad, no en nuestro trasfondo o en la suerte.

Cuando les compartimos a los demás como Dios nos guía, estamos obligados a buscar su liderazgo de forma tangible en nuestra vida. Comprendemos la necesidad de escuchar su voz y de seguirlo (Juan 10:1-30). Al hacerlo, comenzamos a reconocer a Dios obrando en nuestros caminos, y aunque sean ejemplos pequeños, empezamos a creer que Dios nos guiará y seguiremos ese liderazgo con una pasión renovada.

Cuando confesamos que Dios puede vencer nuestras batallas, tenemos la capacidad de confiar que Él peleara por nosotros, en cualquier circunstancia. Cuando damos pasos de fe empezamos a clamarle a Dios sin importar los desafíos que estemos enfrentando. Al identificar las maneras en que Dios toma posesión de las situaciones imposibles, se fortalece nuestra confianza en su habilidad y en su capacidad para pelear por nosotros. Él es nuestro defensor, la fuerza que necesitamos, nuestra mano derecha victoriosa (Isaías 41:10).

Cuando meditamos en Dios y comenzamos a entenderlo como el juez que juzga todas las cosas en justicia, comenzamos a ver nuestra pecaminosidad. Cuando contemplamos la pureza de Dios, clarificamos nuestro entendimiento, que no podemos escondernos de su santa presencia. Dios juzga en base a su santidad. Él trata con cada persona, justamente. Pero mientras crecemos en la adoración, también notaremos que Dios realiza sus juicios con misericordia. ¡Sí, por supuesto, su juicio es justo! Pero El reinará con gracia.

Cuando le expresamos a Dios que es nuestro redentor y salvador, Él que extiende su misericordia y su bondad para con nosotros enfocando nuestra atención en nuestra necesidad de ser renovados. Ansiamos las misericordias de Dios todos los días. Dependemos de Dios y del poder de su Espíritu como agente santificador, no de nuestra propia disciplina. Respondemos con agradecimiento y nos maravillamos por haber recibido la salvación.

Cuando reconocemos a Dios como nuestro "Abba" o "papito", el nombre más intimo para nuestro Padre, obtenemos un fragmento de lo que significa el ser un hijo en la familia de Dios. El reconocer a Dios como nuestro padre nos permite descansar en su amor, su ternura y en su cuidado. Pero más que eso, anhelamos su instrucción, su corrección y su dirección, como el Padre en quien tenemos completa confianza.

Siendo integrantes del cuerpo de Cristo, nuestra adoración declara nuestra unidad en el entendimiento de que todo lo que sabemos proviene de Dios. Necesitamos contar los testimonios de cómo Dios nos ha cambiado. Este es el verdadero significado de "proclamar."

Después que Dios sacó a los israelitas de Egipto, Él ordenó al pueblo a celebrar la pascua. Esta celebración no era una oscura fiesta judía. La pascua era un tiempo en el que el pueblo proclamaba que Dios era fiel y que su poder había salvado a toda la nación. El Séder de Pésaj tenía todos los elementos necesarios, en los platos que se servían, para ayudar a cada generación a recordar cómo Dios había provisto para su salida y subsecuente viaje.

Necesitamos celebrar las cosas que Dios ha hecho en nuestras vidas. Como parte de nuestra alabanza colectiva, debemos compartir los testimonios de los milagros de Dios. Cuando hablamos sobre el poder de Dios edificamos el cuerpo de Cristo, la iglesia. El testimonio ayuda a que nuestra comunidad pueda observar y buscar las formas de interacción y de provisión de Dios.

Todos hemos oído los testimonios de las intervenciones milagrosas de Dios en las vidas de personas super-espirituales. Hace algunos años, muchas mujeres en Canadá se sumergieron en un libro que hablaba acerca de lo que sucedía cuando las mujeres oraban. Muchas mujeres se decepcionaron porque no vieron reflejados en sus vidas los milagros de los que hablaba el libro.

Pero me pregunto si lo que realmente sucedió fue que no se contaron historias reales de personas comunes. En las grandes y pequeñas cosas, ¡Dios está con nosotros! Pero a veces estamos tan inmersos en nuestras vidas que nos olvidamos que incluso en los detalles Dios está presente. Él está obrando y respondiendo; más la pregunta que debemos hacernos es: ¿estoy yo viendo y escuchando? Necesitamos empezar a buscar y reconocer aquellas cosas pequeñas con las que Dios está impactando nuestra vida diaria. Y luego debemos estar dispuestos a contar las historias de cómo Dios, en formas pequeñas y aun poderosas, está impactando nuestra vida día a día.

La verdadera adoración nos lleva a una intimidad profunda y hacia las alturas de la alabanza extravagante. La verdadera alabanza nos ayuda a ver el poder de Dios, hasta en lo común y corriente. El proclamar a Dios en una expresión de unidad por medio de Su cuerpo, es realmente lo que distingue a los seguidores de Jesús.

A veces fallamos en reconocer el poder de Dios por la sencillez en que obra. En una declaración ridículamente simple pero insondablemente compleja, Jesús nos dice que el mundo alrededor de nosotros sabrá que somos sus seguidores cuando ellos vean cuanto nos amamos (Juan 13:35). Nuestros hechos de amor, a causa de la obra de Jesús, expresan y proclaman todo lo que Dios es, claramente y con determinación. Nuestro amor es la evidencia del carácter de Dios para aquellos que observan.

Cuando el cuerpo de Cristo proclama públicamente su alabanza a Dios, algo más sucede: nuestra adoración invita a venir a aquellos que están buscando respuestas y los invita a conocer a Jesús. Nuestras vidas, nuestro amor, nuestra confianza y nuestras palabras los obligan a venir con nosotros, a nuestros hogares, a nuestros sitios de trabajo, sitios de diversión y a nuestra iglesia para descubrir lo que hay detrás de las expresiones de alabanza que ven en nosotros.

Vivimos en una cultura acelerada, centrada en la tecnología. Somos inteligentes. Tenemos acceso casi ilimitado a la información, nos satisfacemos a nosotros mismos y somos inmoderados. La iglesia cristiana o los cristianos en general, son algo sospechosos. Son vistos como personas de mentalidad estrecha, simplones por creer en Dios, especialmente en un mundo que dice tener pruebas que Dios está muerto.

Tal vez, hemos permitido que Dios muera. Tal vez, porque no proclamamos a nuestro Dios y nuestra sociedad no puede ver a Dios obrar. Tal vez, porque hemos permanecido en silencio por tanto tiempo que no vemos a Dios como un Creador dinámico y comprometido.

Enseño en muchas escuelas de discipulado en Norteamérica. Me desconcierto al ver que muchos de los estudiantes que conozco se maravillan al escuchar que Dios actúa de forma milagrosa. Ellos han escuchado las historias bíblicas y los testimonios de misioneros, pero no han escuchado las historias de sus padres, de sus profesores o de sus ministros con respecto a cómo Dios se ha movido en sus vidas en esta generación. Se sorprenden al escuchar a hombres y mujeres de Dios contar los testimonios de cómo el Señor ha cambiado sus vidas y ha impactado sus comunidades. Si nuestros hijos no pueden ver a un Dios poderoso, que no nos sorprenda que el mundo vea a Dios como algo pasado de moda.

Si nuestros hijos no pueden ver a un Dios poderoso, ¿es de extrañarse que el mundo vea a Dios como cosa del pasado? Si nosotros, que decimos creer en un Dios, vivo, activo, y que está presente, no podemos vemos su huella en nuestro mundo y por lo tanto no podemos afirmar lo que vemos, ¿es de extrañarse que las personas que nunca han conocido a Jesús les cueste reconocer las obras de Dios?

La proclamación pública de nuestro amor por Dios, es la adoración. El anunciar abiertamente las obras y los atributos de Dios se puede hacer de diversas maneras. Dios se manifestará en cada comunidad en la forma más idónea. Puede ser por medio de un concierto en el parque o por el resurgimiento de una cafetería evangelística. También, yendo a donde vive y se recrea la gente de la comunidad para tratar de conocerlos personalmente. Puede ser también creando un programa para jóvenes, un centro de salud, una oficina de servicios sociales, un programa de enseñanza de español o inglés como segunda lengua, o un curso básico para el mantenimiento de vehículos. Puede ser algo tan sencillo como ir a los lugares donde los vecinos viven y se recrean, ir a conocerlos; quizá en el patio de su casa, cuando prepare un asado, en el cerco del jardín mientras poda los arbustos, limpia la calzada, o saca la basura. Y a medida que llega a conocerlos de forma personal y escucha sus historias, puede empezar a conectar las suyas. Las posibilidades son infinitas. Pero a menudo todo empieza con preocuparse un poco más por los vecinos.

Pero estoy seguro que no importa cuál sea la forma en que Dios le pida proclamar su nombre, siempre el punto de partida será nuestro estilo de vida: la manera en que contamos nuestros testimonios, lo que decimos cuando nos suceden cosas grandiosas, cómo reaccionamos cuando vienen los problemas, lo que hacemos cuando vemos las necesidades alrededor de nosotros y cómo nos tratamos los unos a los otros. Si Dios es realmente el único que nos conoce por nuestro nombre y ama lo que somos en esencia; si Dios es el Sanador todopoderoso que cura las enfermedades; si Él es capaz de sanar corazones destrozados y liberar a aquellos que están cautivos por el pecado; nosotros debemos proclamárselo a nuestra comunidad. Como sus seguidores, somos testimonios vivos de aquel que vive en nosotros.

Suena muy simple, ¿verdad? Es tan fácil como el deseo que tenemos de llevar a los pies de Dios, a los que amamos. Pero hay muchas barreras. Cuando nuestro hijo mayor tenía cuatro años de edad, él le preguntó a su tío si amaba a Jesús. Mi reacción fue tratar de callarlo y explicarle cuidadosamente que tenemos que ser cautelosos en la forma en que nos dirigimos a los demás y cómo hablamos de Dios.

¿Pueden creerlo? Pero somos cautelosos en la forma que hablamos de Jesús. Somos cautelosos al ofrecernos a orar por un compañero de trabajo que está en problemas. Podemos llegar a decir casualmente; voy a orar por ti, pero no nos atrevemos a tomar un momento en el día para sentarnos con ellos y orar por ellos en ese mismo instante. Cuando las cosas en nuestro trabajo salen bien, ¿estamos dispuestos a darle la honra a Dios? ¿Estamos dispuestos a humillarnos cuando nos equivocamos y pedirle perdón a un compañero de trabajo?

Jesús dijo que debemos ser la sal de este mundo (Marcos 9:50). Nuestro trabajo es hacer que el mundo tenga un mejor sabor. Sin embargo, el cristiano casi siempre es visto como alguien débil, orgulloso o desfasado.

Quizás no hemos estado contando la historia de nuestro Dios grande y bondadoso. Tal vez hemos tenido tanto miedo de que Dios no nos ayude que nos hemos callado, en parte para que Él no quede mal por no ayudarnos, ¡pero sobre todo para no parecer tontos por creer que él podría! Pero Dios no nos pide que seamos ofendidos por Él o que lo protejamos. Nos pide que presumamos acerca él. Para eso, tanto nuestras vidas como nuestras palabras deben proclamar la soberanía de Jesús en todo momento.

El cristianismo que no tiene impacto en la sociedad, no es un cristianismo como Jesús lo imaginó. La adoración a Jesús que nunca ha sido vista en público es restrictiva en el mejor de los casos, y egoísta en el peor de los casos. Si creemos en las letras de nuestras canciones, en nuestras oraciones y en nuestros sermones, entonces no podemos evitar que la adoración a Dios brote de nuestros grupos de adoración. No podemos ser el "silencio en la tierra". El contener con fuerza nuestra adoración a Dios y retenerla para nosotros mismos, de tal forma que nunca se desborda hacia afuera, es ignorar lo que Jesús dijo en Mateo 5: 14-16 (NTV):

> *Ustedes son la luz del mundo, como una ciudad en lo alto de una colina que no puede esconderse. Nadie enciende una lámpara y luego la pone debajo de una canasta. En cambio, la coloca en un lugar alto donde ilumina a todos los que están en la casa. De la misma manera, dejen que sus buenas acciones brillen a la vista de todos, para que todos alaben a su Padre celestial.*

Nuestro mundo necesita desesperadamente a un Dios salvador. Ellos necesitan una luz brillante en medio de la oscuridad invasora. Necesitan un estándar para medir los efectos de la oscuridad que está sobre ellos y sobre la sociedad. Pero ellos no podrán ver su necesidad de un salvador mientras no lo escuchen ni lo vean reflejado a través de nosotros. Nuestro Dios ha hecho cosas poderosas, nos ha mostrado su poder ayer y hoy. Él nos ha dado el poder del Espíritu Santo para que podamos ser las manos y los pies de Jesucristo en la tierra.

Él ha ordenado que anunciemos su obra a todas las naciones.

> *¡Con alegría ustedes beberán abundantemente de la fuente de la salvación! En ese día maravilloso cantarán: ¡Den gracias al Señor! ¡Alaben su nombre! Cuenten a las naciones lo que él ha hecho; háganles saber lo poderoso que él es. Canten al Señor, porque ha hecho cosas maravillosas. Den a conocer su alabanza en el mundo entero. (*Isaías 12: 3-5 – NTV)

Generalmente, cuando los testigos de Jehová tocan a nuestra puerta, ellos saben que soy un pastor. Nunca les he tirado la puerta en sus narices. De hecho, me gusta hablar con ellos. Hace unos años, pasé tres meses en Guatemala para aprender español. En uno de los hogares en los que me hospedé por seis semanas, vivía una mujer que había sufrido inmensamente por que su esposo la maltrataba. Los testigos de Jehová llegaron y la ayudaron a empezar una nueva vida.

Tuvimos muchas conversaciones con respecto a nuestras creencias. Ella había tenido muchos estudiantes en su hogar en los últimos 15 años (su única fuente de ingreso). Ella había aprendido la gracia de escuchar a los demás, de conocer sus creencias y encontrar las aéreas de convergencia con lo que ella creía. Cuando le hablé de mis creencias anabaptistas, ella se emocionó al ver que ambos compartíamos una teología pacífica. Cuando escuchó que nosotros compartimos nuestros recursos con los necesitados de nuestro país y con los necesitados alrededor del mundo, se regocijó nuevamente porque teníamos otro punto en común en nuestras creencias.

Aprendí mucho acerca de la teología y práctica de los testigos de Jehová, por el gozo que vi en ella cuando hablaba conmigo sobre el tema. Y ella aprendió mucho acerca de mis perspectivas teológicas sobre Jesús, mientras le compartía sobre mi relación con Él. Yo le dije que el Jesús del Nuevo Testamento es el mismo Jesús de hoy en día. Le compartí sobre las cosas que había experimentado y sobre cómo hoy en día ocurren milagros en su iglesia.

Pablo, dirigiéndose a la multitud de los filósofos en Atenas (Hechos 17:16-32), encontró las zonas de convergencia con lo que ellos creían para sentar una base para anunciarles el nombre de su “Dios desconocido”. Él los elogió por algunas de las creencias que tenían que se relacionaban con Jesús.

Él citó sus propios filósofos y poetas y reconoció las áreas en las que sus palabras estaban de acuerdo con quién Jesús era. Él utilizó partes de sus propias creencias para sentar las bases e introducirlos a la persona y obra de Jesús. Algunos rechazaron sus enseñanzas como las de un loco. Pero algunos sintieron curiosidad y quisieron escuchar más.

No todo el mundo va a escuchar lo que sabemos acerca de Jesús. Pero cuando amamos a la gente lo suficiente como para escuchar lo que son y lo que ellos creen, el Espíritu Santo nos da formas de encontrar puntos de convergencia, ayudándoles a comprender quién es este Jesús al que servimos. Y cuando les decimos a otros acerca de lo que vemos que Él hace en nuestras vidas hoy en día, habrá aquellos que querrán saber más, que querrán saber sobre quién es esta increíble persona, ¡este increíble Salvador!

Cuando proclamamos los dones y las obras de Dios, cuando los experimentamos, retamos a los demás a mirar más allá de su propia existencia y a descubrir las distintas formas en las que Dios desea manifestarse. Adoramos a Dios con nuestra declaración e invitamos a los demás a que le presten más atención a Él y a lo que está haciendo en nuestras vidas. En esencia, los invitamos a unirse en adoración.

Necesitamos empezar a dar pequeños pasos para contar los testimonios de "cómo Dios está obrando en nuestras vidas". Estos son algunos de los pasos que estoy desarrollando para que mi adoración se conecte con mi vida.

1. *Aprenda quién es Dios.* Yo trato de estudiar la Biblia y trato de descubrir las diferentes formas en que su pueblo lo entendió. Los judíos rara vez utilizaban el nombre "Dios", pero en lugar de esto, utilizaban los nombres que describen los atributos de Dios. Descubrí que un buen diccionario bíblico me ayuda a encontrar el significado de los nombres de Dios. He tratado de añadir a mis oraciones los nombres que he aprendido de Dios (visite: http://es.wikipedia.org/wiki/Nombres_de_Dios).
2. *En sus conversaciones con y acerca de Dios, trate de usar los nombres y atributos que son menos utilizados en círculos cristianos.* Gayle continuamente me desafía a cambiar las palabras del lenguaje que he aprendido,

reemplazando las palabras más comúnmente usadas en la iglesia por palabras de uso más común. Cada vez que aprendo más atributos de Dios, trato de encajarlos a la vida real. Me cuesta ser específico y personal, en reconocer a Dios. Muy a menudo, acepto las cosas buenas que Dios hace como algo normal o como algo esperado. Al practicar, compartiendo el testimonio de Dios en mi vida, siempre me sorprendo de todo lo que Dios está haciendo.

3. *Trate de recordar cómo Dios se ha manifestado en su vida.* Cuando adoro en privado, le menciono a Dios cómo lo veo en mi propia vida. Le digo cosas como: Señor tu eres dulce y compasivo, tardo para la ira, rebosante de amor. He experimentado tu consuelo en esta semana, mientras estoy enfrentando la muerte de mi padre. Gracias.
4. *Cuando esté adorando en público (predicando, leyendo, cantando o compartiendo) trate de percibir las palabras que revelan el carácter de Dios.* Medite en esas palabras más adelante. Algunas veces, me seduce la belleza de la música y de las armonías, y se me olvidan las palabras. En ocasiones he tratado de quitarle las palabras a la música y trato de verlas como poesía, concentrándome en que las palabras sin acompañamiento expresan los atributos de Dios.
5. *Pídale a Dios que le dé la mente de Cristo.* Trato de orar para que el Espíritu Santo me muestre cómo demostrar su presencia a las personas que voy conociendo durante el día. A veces, es más fácil hablar sobre Dios cuando trabajo enseñando, después de todo, para eso estoy allí. Pero estoy tratando de aprender a hablar de Dios en mi vida diaria, a mis vecinos y a las personas que conozco en mi comunidad. También oro para que Dios me dé la valentía de obedecerle cuando Él me pide que hable.
6. *Sea intencional. Cada día, busque maneras de animar a alguien de parte de Dios.* No necesitamos utilizar palabras espirituales o palabras cristianizadas para proclamar los atributos, las obras y el carácter de Dios. Solo debemos estar dispuestos a ser utilizados de maneras simples. Confíe en que Dios abrirá las

puertas. Él ha preparado el camino de antemano para que alguien sea alentado al escuchar las palabras que usted tiene para decir. Por tanto, ¡proclame, anuncie y presuma acerca de las obras de Dios en su vida!.

Los cielos cuentan la gloria de Dios,
el firmamento proclama la obra de sus manos.
Un día comparte al otro la noticia,
una noche a la otra se lo hace saber.
Salmo 19:1-2

CAPÍTULO ONCE

CONOCIENDO SU CREACIÓN

Reconociendo su imagen

¡El salmista estaba compenetrado con la belleza conmovedora de la creación de Dios!

Observó el grandioso poder de Dios en los cielos. No vacilaba en cantar, hablar, y contarles a otros de las maravillas que él observaba en el mundo natural.

Sé que la mayoría de nosotros vivimos en un mundo de cemento y asfalto. Multiplíquenlo por la velocidad en la que vivimos; muy a menudo, no nos tomamos el tiempo para disfrutar la creación de Dios. ¡Su creación es impresionante! En la primavera, pienso en el plan de Dios de rejuvenecer y de revivir. Como canadiense, no puedo dejar de pensar en el poder de Dios para dar vida. Cuando veo un pequeño azafrán púrpura luchando por salir de la tierra medio congelada, a veces, parcialmente cubierta de nieve, sé que Dios tiene el poder para dar vida. Por varias primaveras, una familia de petirrojos vino a anidar en nuestro garaje. El diseño del nido era muy complicado y lo suficientemente fuerte para mantenerse en pie durante toda la estación. La diligencia y el cuidado que mostraban los padres por sus crías eran fascinantes.

Dios muestra su poder, creatividad, y majestad en su creación. Las estrellas por su número y distancia manifiestan la majestad de Dios. Cuando estudiamos el sistema solar no tenemos más remedio que alabar al Dios que diseñó un sistema complejo.

Si alguna vez usted ha visto cuando una tormenta se acerca a las praderas, conoce el poder aterrador de Dios. Crecí en una granja. Las nubes negras al oeste, los vientos crecientes, y el aire fresco compitiendo contra el calor húmedo, solo significaba una cosa: Dios le preparaba a su pueblo un espectáculo cautivante. He oído en la lejanía el rugido aterrador de los truenos y he visto espectaculares rayos y relámpagos. He visto como se destruyen todas las cosechas en cuestión de minutos por la mano de Dios, y en otras ocasiones, he visto como la lluvia ligera las nutre durante tres días. Dios es poderoso.

Dios tiene una creatividad ilimitada en su creación. He tenido la oportunidad de viajar por muchas partes de Canadá, Estados Unidos, México, América Central, América del Sur, Inglaterra e Irlanda. Y no me canso de la creación de Dios.

Cada lugar tiene su propio sentido de belleza y maravilla. Me acuerdo cuando vi por primera vez las Montañas Rocosas en la parte oeste del Canadá. No existe foto que pueda expresar la emoción que se siente al observar todo desde los precipicios escarpados. Nadie me había preparado para ver la belleza sorprendente de las montañas en la primavera, cuando las escorrentías alimentan a miles de pequeñas flores de montaña que muestran su belleza sobre la ladera. Sus flores solo duran unas pocas semanas, pero durante esas semanas, los acantilados son espectaculares. El sonido de las cascadas cortando las rocas, su poder fragmentando lentamente la roca sólida hasta dejar hondas cicatrices en la superficie de la montaña, no deja de sorprenderme.

Crecí en las praderas del sur de Manitoba y todavía añoro esa amplitud de paisajes que ofrecen los campos abiertos. El campo abierto es tan extenso que de lejos puedes ver como se eleva el horizonte. Cuando el rocío de la mañana se evapora, ¡los espejismos relucientes crean visiones misteriosas en el horizonte! Los granos, el viento, el calor, el frío, todos estos contrastes hacen que las praderas sean excepcionalmente bellas.

Una de las experiencias más dinámicas que he tenido fue el estar en la cumbre del Pacaya (un volcán de Guatemala) y sentir el tremendo calor generado por la lava ardiente dentro del cráter volcánico. Estando en la orilla del cráter, a la distancia podía observar al volcán de Fuego, emitiendo explosiones sulfúricas. El observar esta vista espectacular, el saber que estaba parado a la orilla del cráter de un volcán activo que podría entrar en erupción en cualquier momento, me hizo temblar ante el poder impredecible de la creación.

He sido empapado por el constante rocío en el bosque tropical; he celebrando las suaves brisas y he sido testigo del mosaico colorido del otoño entre los cerros. He escuchado el ritmo constante de las olas del mar; he sentido el frío fresco de la mañana mientras la nieve cruje bajo mis pies como el cuero fresco estirado.

¡Nuestro Dios tiene imaginación! Una imaginación maravillosa, creativa, y sorprendente. Nuestro Creador ha hecho un mundo diverso. Dos ríos, ¡sí! ¡Pero tan increíblemente distintos! Dos cordilleras, ¡sí! Pero ni un árbol, o grieta que sea igual. Dos puestas de sol, ¡sí! Pero ni un matiz de color es igual.

¡La creatividad de Dios es increíble! Cuando me detengo, por solo un momento, para contemplar la creación de Dios, me sorprenden sus increíbles regalos de amor para nosotros. Y lo adoro. Su creación nos llama a alabarle.

Muy a menudo, cuando observo, miro y celebro, escucho las palabras que Brian Doerksen escribió en un salmo moderno que capta parte de esta respuesta casi involuntaria de adoración al Creador, cuando nos encontramos frente a la genialidad de sus obras maestras.

LA CREACIÓN CLAMA

He sentido al viento soplar, susurrando Tu nombre
He visto Tus lágrimas caer al contemplar la lluvia

¿Cómo puedo decir que no hay un Dios?
Cuando a todo mí alrededor clama la creación
Un pájaro cantor, un árbol majestuoso
El vasto espacio del mar abierto

Mirando al ave volar, deslizándose por el aire
Me gusta pararme a la orilla del mar

Y sentir el estruendo de las grandes olas rugir
Pasear a través de los campos dorados de grano
Bajo el marco de un horizonte azul sin fin

Escuchando a un río correr, regando la tierra
La fragancia de una rosa en flor, el llanto de un recién nacido al nacer

Y llego a creer. Llego a creer. Llego a creer.

El agua fluyendo desde el borde de un precipicio
Convirtiéndose en espuma blanca mientras cae en la posa de abajo

Los altos encinos, a la orilla del río, en guardia de pie
Mientras un ciervo y su cervato beben del arroyo

El olor de la tierra cultivada, justo después de llover
Un arco iris, deslumbrando colores naturales

La vista de un halcón cuando forma círculos sobre las ráfagas calurosas del verano
Una bandada de gansos canadienses volando en formación perfecta

Subiendo desde el fondo del valle, cerros cubiertos de árboles
Abedul, arce, olmo, haya tornado a rojo vivo, amarillo y dorado en el aire otoñal

Una hoja en su viaje breve, retorciéndose, volteándose, bailando hacia el suelo
Alzando los ojos, las montañas suben, los árboles abriéndoles paso

Abriéndoles pasó a las rocas, precipicios, el hielo, los glaciares y las majestuosas cumbres
Mientras que el sol se desliza detrás del horizonte y cae la noche,

Las montañas forman una fortaleza silenciosa recortada sobre el cielo nocturno

Las estrellas innumerables brillan como testigos mudos

Los copos, cayendo suavemente, cayendo de una forma singular, susurrando
"Recuerda la misericordia de Dios... recuerda Su misericordia"

Cubriendo de blanco a todo el mundo y después
El silencio, silencio, el silencio de la creación cuando descansa.

La creación de Dios reafirma nuestra creencia en un creador, en un Dios que es mucho más que una idea o una ideología. Este mundo glorioso no ocurrió por casualidad.

Pero hay más...

Conocer la creación de Dios, no solo significa identificar su imagen en las cosas que Él ha creado, sino identificarla en las personas que Él ha creado. Fuimos hechos a su imagen. Eso significa que cada uno de nosotros tiene por dentro ecos de Dios. El creyente y el no creyente, ambos están hechos a la imagen de Dios. El ver los ojos de otra persona es reconocer la imagen de Dios aun cuando esa imagen es solo un fragmento o una luz trémula.

Algunas veces esa imagen está dañada y marcada. A veces, tenemos que ver en el corazón de la persona para poder ver los trocitos que quedan de la imagen de Dios.

¿Vemos la imagen de Dios en las personas que encontramos y que conocemos?

El ver a Dios en las personas que encontramos, significa tratarlas con el respeto que se merecen. Vemos más allá de las cosas que son feas o que están deterioradas, y empezamos a ver en ellos la imagen de Dios. Comprendemos que en el fondo de todas las personas está Dios.

Algunas veces, nuestras expectativas con respecto a cómo debe lucir el paquete, anulan nuestra capacidad para ver la ternura que está por dentro. Dios ve más allá de los aretes, del metal, de los pinchos, de las cicatrices, y ve el corazón. Nosotros debemos hacer lo mismo.

Cuando leo las escrituras desde Génesis hasta Apocalipsis veo a un Dios que ha creado a todas las personas, aunque algunas de esas personas le han dado la espalda. Veo un Dios de compasión que no solo llama a un pueblo (los judíos) a ser su pueblo, sino que extiende su llamado a todos aquellos que buscan su rostro. Veo a un Dios que anhela tener a su pueblo cerca para reunirlos en sus brazos (Ezequiel 20:34) y empollarlos como una gallina (Lucas 13:34).

> *Dios dijo: "Hagamos al ser humano a nuestra imagen y semejanza. Que tenga dominio sobre los peces del mar, y sobre las aves del cielo; sobre los animales domésticos, sobre los animales salvajes, y sobre todos los reptiles que se arrastran por el suelo. Y Dios creó al ser humano a su imagen; lo creó a imagen de Dios. Hombre y mujer los creó." (Génesis 1:26-27)*

Después de haber visto todo lo que creó en mundo natural, Dios se dio cuenta que era bueno. Pero Él necesitaba otro tipo de creación. El diseño creativo de Dios para sus adoradores, tú y yo, era crearnos a su imagen. Personas que serían el reflejo del Creador. Gente con la capacidad de gobernar como Dios gobierna. Gente con la capacidad de elegir como Dios elige. Gente con la capacidad de crear del mismo modo que Dios crea. Y Dios vio a su creación ¡y dijo que era muy buena!

Todos conocemos la historia, no permaneció como una creación perfecta y sin pecado. Todos quedamos cortos ante las posibilidades creadas dentro de nosotros. Sin embargo, seguimos siendo la imagen de Dios. Tenemos todo lo que necesitamos para ser íntimos con Dios si aceptamos su regalo gratuito de salvación a través de la muerte y la resurrección de Cristo, y por medio del poder del Espíritu Santo. Aunque no se nos otorgue ese poder del Espíritu, aunque no seamos obedientes a Cristo, o aunque no reconozcamos el nombre de Dios, seguimos portando su imagen.

Y es en este cuerpo creado donde está su invitación a adorarle.

¡Ah! ¡Imagínate una invitación personal para adorar a nuestro Creador! El aspecto verdaderamente sorprendente de ser creado a la imagen de Dios es que podemos distanciarnos de nuestro egoísmo y de las críticas insignificantes de otros, y entender que todos, hasta aquellos que son difíciles de amar, o con los que cuesta vivir –*todos*– son creados a la imagen de

Dios. Somos libres de amarlos como Él los ama, no porque sean justos o fáciles de amar, sino porque han sido creados a la imagen de Dios, el Dios que los ama y que murió por ellos.

En ocasiones, nuestra adoración a Dios puede ser algo no menos profundo que amar a nuestro prójimo como a nosotros mismos. Nos es posible ver el valor de las personas, no por lo que hacen, sino porque reconocemos en ellos la imagen de Dios. Es difícil amar a aquellos que parecen ser malvados, inmorales, pecaminosos, borrachos, feos, a menos que podamos ver más allá de su pecado y de su condición externa, y seamos capaces de observar los fragmentos del creador, la imagen que ellos reflejan de Dios.

Hebreos 13:2-3 nos recuerda que a veces los ángeles se disfrazan como personas necesitadas. Qué oportunidad de bendecir a Dios ministrando a aquellas personas que tienen necesidad. Qué oportunidad de adorar a Dios bendiciendo a aquellos que Él ha creado.

> *No se olviden de practicar la hospitalidad, pues gracias a ella algunos, sin saberlo, hospedaron ángeles. Acuérdense de los presos, como si ustedes fueran sus compañeros de cárcel, y también de los que son maltratados, como si fueran ustedes mismos los que sufren* (Hebreos 13:2-3).

Cuando era pastor de jóvenes, cada septiembre íbamos a orar a todas las escuelas de los jóvenes que asistían a nuestro grupo. Orábamos por los otros cristianos de la escuela. Orábamos por los estudiantes y los maestros de cada escuela. Orábamos por los administradores y los padres. También les pedía a los estudiantes que hicieran una lista con los nombres de los maestros que ellos respetaban por la importancia que les daban como estudiantes en sus clases. Uno de los estudiantes me dio un par de nombres y después añadió, "Pero no son cristianos." Le respondí diciendo que todos están creados en la imagen de Dios, cada vez que hacen algo de acuerdo con su Creador, ellos lo reflejan a otros, aunque ellos mismos no sean creyentes.

Cuando vemos la imagen de Dios reflejada en otros y le agradecemos a Dios por esos reflejos, estamos adoramos. Cuando nos rehusamos a ceder ante el prejuicio y la mente crítica, y servimos a los necesitados, estamos adoramos.

Cuando miramos más allá de las imperfecciones externas y reconocemos la imagen de Cristo, estamos adoramos.

En verdad, no soy estudiante de la naturaleza. Algunas veces, cuando voy a caminar, quedo tan absorto en mis propios pensamientos e ideas que pierdo lo que Dios me está mostrando o lo que me está diciendo. Algunas veces, necesito que el espectáculo del relámpago y del trueno me despierte a sacudidas ante la creación de Dios.

Tampoco tengo la costumbre natural de ver a toda la gente que conozco como creación de Dios. Algunas veces, los daños de este mundo son tan grandes que solo veo las cicatrices. Pero cuando aprendo a adorar, empiezo a comprender la importancia de ver la imagen de Dios reflejada en otros, empiezo a responder con gratitud a Dios por esos reflejos. Y oro para que sus propósitos e intenciones se cumplan en ellos. Mientras aprendemos lo que significa el cuidar a nuestros "hermanos pequeños" (Mateo 25:40), yo adoro. Mi adoración necesita reflejar un conocimiento de Dios, viendo la mano de Dios en *toda* la creación.

He intentado ver a Dios de manera más intencionada, celebrando su bondad a través del mundo que creó. A continuación les enumero algunas de las cosas que he intentado:

1. *Salgo a caminar.* Cuando camino, le pido a Dios que me abra los ojos para poder ver su creación más allá de lo que está a simple vista. ¡Mi perro me ayuda! Sus oídos afinados y su olfato perciben cosas que usualmente yo no percibo. Durante años hemos tenido un perro, y ahora, a pesar de que ya no tenemos uno propio, de vez en cuando nos ocupamos de los perros de nuestros nietos. Sus orejas y narices bien afinados notan cosas que a menudo nosotros pasamos por alto. Si usted tiene un perro, salga a dar un paseo y fíjese de lo que se dan cuenta. Esté atento a lo que anima a sus oídos. Le dará una visión más amplia en el maravilloso mundo de Dios.

2. *Trato de buscar evidencia de la presencia de Dios, incluso cuando estoy jugando.* Tomo fotos, porque eso me lleva a mirar con más detenimiento y a ver los pequeños matices de las diferentes escenas. Trato de buscar lo

que Dios hace en Su creación y me deleito en Sus obras. Las imágenes también pueden actuar para recordarnos que Dios hizo algo único y hacer que le alabemos a él por las experiencias pasadas

3. *¡Su creación no tiene límites!* Mi esposa, Gayle, es una escritora. Ella ama las palabras. Para ella, las palabras llevan consigo imágenes y emoción. A menudo lleva un diario acerca de las experiencias del día. Capturar la maravilla de la creación de Dios a través de profundas imágenes de prosa, poesía, verso, lírico, y canciones son una forma maravillosa de expresar nuestra adoración a Dios.

4. *Trate de pensar más allá de su propia definición de "cristiano" o "bueno".* Intencionalmente trato de conocer a las personas que no encajan en mi molde. Simplemente me digo a mí mismo: "Dios hizo esta persona a su imagen". Y entonces le pido a Dios que me ayude a verlos como lo hace Él. Luego le pido a Dios en oración que me dé la gracia para verdaderamente amar a los demás para que otros puedan ver Su amor a través de mí. Quiero ver la esencia de cada persona con quien me encuentro, esa esencia aún mantiene la imagen de Dios. Sí bien es cierto que algunas personas que conozco han contaminado la imagen Dios, yo también lo he hecho, pero sé que en la esencia de cada persona que encuentro está la imagen de Dios. Yo sé que él quiere que yo encuentre esa esencia.

5. *Ore para que Dios le dé gozo en el proceso de entender que usted también fue creado a la imagen de Dios.* En lo personal me es tan fácil quedar atrapado en las muchas imperfecciones de mi propia vida. Aunque sé que fui creado a imagen de Dios, me crié en un hogar menonita de sólidas convicciones donde el orgullo era despreciado. Muchas veces lucho con la diferencia que existe entre el orgullo impío y la auto-degradación. Entiendo que fui creado a imagen de Dios, y en esa imagen que tengo posibilidades que

jamás podría imaginar. ¡La auto-degradación o la falsa humildad no celebran la imagen de Dios! Fracaso una y otra vez y me vuelvo a levantar para vivir como un hijo de Dios creado a imagen. No obstante, sé que tengo un abogado y ayudador, a Jesucristo y el Espíritu Santo que están para ayudarme a reflejar a Dios en las decisiones que tomo.

6. *Procure vivir su vida con el entendimiento de que todos fuimos hechos a imagen de Dios.* Practique con las personas que trabaja o con las que va a la escuela. Cuando tengo la oportunidad, trato de hablar y de ilustrar mi comprensión, con las personas que interactúo, de que todos hemos sido creados a imagen de Dios. Procuro demostrar mi respecto hacia cada persona y trato de tener la paciencia para escuchar sus necesidades y satisfacer esas necesidades dentro de mis posibilidades, y evito el juzgarlos.

7. *Recuerde que hay un mundo más allá del pequeño mundo que usted vive.* A veces el desconocido que visita su casa o la persona que se encuentra en un avión o con quien usted habla en la calle… podría ser un ángel!

¿Cómo puede el joven llevar una vida íntegra?
Viviendo conforme a tu palabra.
Yo te busco con todo el corazón;
no dejes que me desvíe de tus mandamientos.
En mi corazón atesoro tus dichos
para no pecar contra ti.
Salmo 119:9-11

CAPÍTULO DOCE

CONOCIENDO EL VERBO

Y el verbo se hizo carne

Aunque me pregunto si es absurdo escribir esto, lo haré de todas formas: El conocer la Palabra escrita de Dios es una parte importante de ser adorador.

La Escritura es la Palabra de Dios. Nos guía, nos dirige a la verdad y confirma nuestra relación con Dios. Los adoradores son los que conocen su Palabra; los que meditan en sus promesas; los que viven sus preceptos; los que cuentan y vuelven a contar las maravillas de nuestro Dios.

El milagro de las Escrituras es que sus palabras dan vida. Las palabras escritas generaciones atrás, se aplican hoy en día. Las historias documentadas hace más de 2000 años, nos conmueven el día de hoy por su sabiduría. La palabra es viva, real y poderosa.

He aprendido cientos, tal vez miles, de canciones nuevas con los años y estoy maravillado de cuantos cantos vienen a mi mente cuando leo las Escrituras. Muchos de estos cantos no solo tienen sus raíces en la palabra de Dios sino que provienen de una interrelación significativa con una porción de la Escritura. Dios usa estas canciones para implantar su Palabra en mi corazón mientras las canto. Puedo meditar en su Palabra mientras le canto un pasaje.

Aunque la música puede ayudar a confirmar y a reconfirmar nuestro conocimiento de Dios por medio de su palabra, debemos conocer su Palabra más que por el simple hecho de tener una buena lista de cantos bíblicos. En la Nueva Versión Internacional, el Salmo 119 tiene 26 referencias a "tu palabra", 33 en la Reina Valera. En el verso 9 de este capítulo, el salmista comienza diciendo: ¿Con que limpiará el joven su camino? Y responde con la afirmación: con guardar tu Palabra, buscándote de todo corazón, pidiéndote que no se desvíe de tus mandamientos. Pero la parte activa de estos versículos es la declaración: los adoradores guardan la palabra de Dios en sus corazones para no pecar contra Él.

El conocer la palabra de Dios nos ayuda en la adoración. Su palabra nos recuerda quiénes somos y quien es Dios. Nos recuerda que somos llamados a ser como Jesús. Nos anima a seguir el camino de la pureza y de la intimidad. Sirve como nuestra guía, de acuerdo con lo que Dios nos dice por medio del Espíritu Santo.

Hebreos 4:12 dice: "Ciertamente, la palabra de Dios es viva y poderosa, y más cortante que cualquier espada de dos filos. Penetra hasta lo más profundo del alma y del espíritu, hasta la médula de los huesos, y juzga los pensamientos y las intenciones del corazón".

La palabra de Dios está situada en el vértice que une la vida con la alabanza. La adoración no es una repetición de palabras, sino el tomar las palabras que Dios nos da y meditar en ellas hasta que formen parte de nuestras vidas. Cuando la palabra de Dios mora en nosotros, nos edifica.

Algunas veces, cuando Dios me dice que haga cosas que están un poco fuera del paradigma de mi área de comodidad, en esos momentos, pienso en Pedro y el incidente en el agua. Jesús le dijo a Pedro que saliera a encontrarlo. Para hacer eso, tenía que salir de la barca y caminar sobre el agua. No hay lógica en esto. Pedro sabía que no podía caminar sobre el agua. Sin embargo, salió de la barca. ¡Luego, apartó su mirada de

Jesús y se hundió como una roca! *Pero* Jesús estuvo allí para ayudarlo. Cuando empezó a hundirse, Jesús estiró su mano, lo rescató, y lo reprendió por su falta de fe (Mateo 14:22-33).

Recuerdo lo que el autor de Hebreos dice acerca de la fe, que la fe "*... es la garantía de lo que se espera, la certeza de lo que no se ve*" (Hebreos 11:1). Cuando Dios me pone en situaciones imposibles, estas palabras me animan a tomar un paso de fe.

Los pasajes en los que Jesús, Pablo o Juan nos cuentan de los aterradores eventos del futuro, me reiteran una cosa, que Dios está en control. Cuando parece que nuestro mundo está fuera de control, la palabra de Dios viene a nosotros y nos consuela. Dios tiene y siempre tendrá el control, aun cuando no podamos ver nada que lo indique.

Debemos ser guiados por la manifestación del Espíritu Santo en conformidad con las Escrituras. Nuestra alabanza a Dios se refleja en nuestra obediencia. El conocer la Palabra de Dios nos ayuda a comprender el ímpetu que tiene el Espíritu de perfeccionarnos a la imagen de Cristo.

Memorizar la Escritura es una manera práctica de adorar a Dios. Deuteronomio 30:14 dice: "*La palabra está muy cerca de ti; la tienes en la boca y en el corazón, para que la obedezcas*". Cuando memorizamos las Escrituras cavamos un pozo hondo de recursos, del cual podemos extraer entendimiento para vivir como adoradores de Dios, una vara de medición con la que podemos confirmar la verdad del llamado del Espíritu. También somos capaces de discernir aspectos de la palabra que Dios trae a nuestra mente en la adoración. Aspectos de su Palabra que nos guían a desarrollar la obediencia.

Pero la adoración es más que ese momento en el que reconocemos a Dios. La adoración es el momento en el que nuestro conocimiento de Dios se evidencia en la forma en que vivimos. El verdadero adorador no solo busca obedecer, busca respirar y vivir para Dios, trata de vivir lo que dice. El adorador que consume la palabra de Dios y se alimenta de las Escrituras, construye un fundamento con el que puede contar en cualquier situación. Las Escrituras proveen la base para el aprendizaje de la vida.

La palabra de Dios y su influencia en nuestras vidas es mucho más amplia que un buen conocimiento o la simple repetición de palabras.

En uno de los aspectos de la adoración, podemos reafirmar la palabra de Dios en la música que cantamos. Cuando escribimos alabanzas para Dios o escogemos canciones para la adoración, nuestro conocimiento de la palabra de Dios nos debe guiar e informar. El canto, la palabra de Dios parafraseada con música, nos recuerda la verdad.

Sin embargo, con qué facilidad encontramos la comodidad en las palabras simples, en la música y vemos solamente la canción, pasamos por alto al Salvador. A veces me encuentro a mí mismo deleitándome en las experiencias del pasado cuando estoy adorando. La canción *Cuan grande es Él* me recuerda las veces que he paseado por la naturaleza y he admirado la majestuosa grandeza de Dios. Pero no me puedo quedar allí. Tengo que estar en alerta constante a las palabras y a ver a Dios de nuevo.

Algunas veces, cuando estoy dirigiendo la alabanza, les pido a las personas que salgan del contexto de la canción, de la agradable melodía y de las palabras conocidas. Podemos quedar atrapados en la canción y pasar por alto a Jesús. Como líder de alabanza, quiero hacer algo más que entretener a la gente o hacerla sentir bien. Los quiero llevar a un lugar donde puedan conectarse con Dios y traer a sus vidas las palabras que han sido escritas para nosotros.

A veces asusto a los adoradores cuando hago una pausa al final de la canción de Darlene Zschech *Canta al Señor* y los llevo a la última línea: "*incomparables promesas me das Señor.*" ¿Cuáles son las promesas que Dios nos da y que nos hacen cantar al Señor? Sus promesas son sorprendentes:

> *Nunca te dejaré; jamás te abandonaré* (Hebreos 13:5b).

> *Y si me voy y se lo preparo, vendré para llevármelos conmigo. Así ustedes estarán donde yo esté* (Juan 14:3).

> *Porque yo sé muy bien los planes que tengo para ustedes —afirma el Señor—, planes de bienestar y no de calamidad, a fin de darles un futuro y una esperanza* (Jeremías 29:11).

> *...porque el que está en ustedes es más poderoso que el que está en el mundo* (1 Juan 4:4b).

> *Pues estoy convencido de que ni la muerte ni la vida, ni los ángeles ni los demonios, ni lo presente ni lo por venir, ni los poderes, ni lo alto ni lo profundo, ni cosa alguna en toda la creación, podrá apartarnos del amor que Dios nos*

> *ha manifestado en Cristo Jesús nuestro Señor* (Romanos 8:38-39).

Si tan solo pudiera tomar un fragmento de esas promesas y realmente creerlas, cambiaría la manera en la que vivo. Piensa en esto. Dios nunca te dejará, ni te desamparará. Imagínate, ¿Qué es lo que esto le puede representar a una madre que acaba de perder a un hijo? ¿A una esposa que acaba de perder a su esposo? ¿A los cristianos que están viviendo en medio de una guerra, en medio del hambre, o en un desastre natural?

El cínico en mí empieza a decir: "Sí, sí, esas son palabras de la Escritura, pero es difícil decir que Dios nunca me abandonará cuando estoy en medio de situaciones aterradoras". Y *es* difícil. Pero un adorador de Dios guarda y esconde en su corazón la verdad de la Palabra de Dios. Esa verdad es la fuente de esperanza, de gozo, y de amor que se utiliza en tiempos difíciles.

Cuando conocemos la palabra de Dios y nos comprometemos a memorizarla, nuestra vida se transformará. Seremos conocidos por ser adoradores y no solamente en reuniones de la iglesia o en grupos de oración. La adoración se esparcirá en nuestras vidas.

La palabra de Dios es el fundamento para instruir y animar al Cuerpo. En Colosenses 3:16 dice: *Que habite en ustedes la palabra de Cristo con toda su riqueza: instrúyanse y aconséjense unos a otros con toda sabiduría; canten salmos, himnos y canciones espirituales a Dios, con gratitud de corazón.*

Permitimos que la palabra de Dios habite en nosotros de manera ilimitada en la medida que meditamos en ella, en la medida que la memorizamos, al abrir nuestros corazones para escuchar la voz del Espíritu Santo, y al cantar con gratitud rebosante por todo lo que Dios ha hecho. La palabra de Dios nos sostiene, nos anima, y nos corrige. Por su palabra que rebosa en nosotros, es que podemos enseñar a otros; podemos aconsejar con sabiduría; podemos cantar con corazones agradecidos por todo lo que se nos ha dado.

¿Cómo no lo vamos adorar? ¿Cómo no vamos a rendir nuestras vidas a Él, tomar nuestra cruz, y seguirlo?

¡Oh! ¡Esa es la clave! La palabra de Dios siempre nos incita a adorar a Cristo. Él es el Alfa y el Omega, el principio y el fin. Él es el *Verbo* hecho vida y que vive entre nosotros. Me gustan las figuras utilizadas en la descripción de Juan 1:1-5:

En el principio ya existía el Verbo y el Verbo estaba con Dios y el Verbo era Dios. Él estaba con Dios en el principio. Por medio de él todas las cosas fueron creadas; sin él, nada de lo creado llegó a existir. En él estaba la vida y la vida era la luz de la humanidad. Esta luz resplandece en las tinieblas y las tinieblas no han podido extinguirla.

Cristo es el *Verbo* de Dios hecho vida. Él es la Luz que seguimos. Él es el enfoque de nuestra devoción, el gozo de nuestra dedicación. Las Escrituras nos dicen que para ver esa Luz, el *Verbo* de Dios hecho carne, es ver la gloria del Hijo de Dios. *Y el Verbo se hizo hombre y habitó entre nosotros. Y hemos contemplado su gloria, la gloria que corresponde al Hijo unigénito del Padre, lleno de gracia y de verdad* (Juan 1:14 – NVI).

Las Escrituras nos muestran al Padre, al Hijo y al Espíritu Santo. Ellos dirigen nuestra alabanza, nuestra adoración, nuestra devoción, y nuestra pasión por Jesús, *...el iniciador y perfeccionador de nuestra fe, quien por el gozo que le esperaba, soportó la cruz, menospreciando la vergüenza que ella significaba, y ahora está sentado a la derecha del trono de Dios* (Hebreos 12:2).

Debemos tener cuidado de no confundir las Escrituras con el *Verbo*, o la persona, de Jesús. Aunque honramos las Escrituras, no las adoramos. Adoramos al Dios que revela las Escrituras, ¡a Jesús!

Las Escrituras nos apuntan a Jesús, pero no son el *Verbo completo*. El *Verbo* completo solo se encuentra en Jesucristo.

Una vez me sucedió que en un momento de oración, el Señor me dio una visión breve. En la visión yo estaba sentado en una colina observando la planicie de un valle. En el centro del valle había una Biblia enorme. La escena me recordaba a la escena inicial de la película *2001: Una Odisea Espacial*. Una roca gigantesca se levanta del suelo del valle, lo cual provoca que los monos se reúnan alrededor de esta roca. En mi visión, una Biblia gigantesca se levantaba del suelo del valle. Estaba erguida y fuerte, y mucha gente se reunía alrededor del libro abierto. Algunos la miraban con reverencia. Otros se postraban ante ella. Y otros, con los brazos abiertos, ofrecían su alabanza. Me quebranté al ver la adoración y la alabanza desplegada frente a mí.

De repente, mi enfoque en la escena cambió y pude ver a través de la Biblia, al otro lado de la ladera. Allí estaba Jesús con sus brazos abiertos en una postura que comunicaba "vengan todos los que tienen sed". "Esto es algo maravilloso", pensé, hasta que me di cuenta que nadie estaba con Él. Nadie estaba mirando su rostro. Nadie había sido atraído por su presencia. Nadie se había dado cuenta de que Él estaba allí.

La visión terminó.

Quedé aturdido por unos minutos y luego le pedí a Dios que me explicara el significado de la visión. Sin lugar a duda, estas imágenes provenían de Dios. Él deseaba que yo aprendiera algo. Después de unos minutos el Espíritu Santo me dijo: "Gareth, a veces hasta las Escrituras pueden convertirse en un ídolo cuando la gente las ama y las sirve, pero no desean verme a mí".

Al principio, rechacé esta respuesta. Pero después, rápidamente, las Escrituras vinieron a mi mente y confirmaron lo que Jesús había hablado a mi corazón por medio de su Espíritu Santo. En Juan 5:39-40, Cristo les dice a los fariseos, *Ustedes estudian con diligencia las Escrituras porque piensan que en ellas hallan la vida eterna. ¡Y son ellas las que dan testimonio en mi favor! Sin embargo, ustedes no quieren venir a mí para tener esa vida*".

Los fariseos estaban obsesionados con la Ley de Dios. Estudiaban las Escrituras, memorizaban pasaje por pasaje. Debatían usando las Escrituras. Sin embargo, nunca vieron a Jesús como el Hijo de Dios. Ellos honraban, reverenciaban, y servían a las Escrituras con sus vidas, ¡pero pasaron por alto a Jesús!

Incluso los profetas del Antiguo Testamento comprendieron que el papel de las Escrituras era secundario en relación a Cristo. Jesús les respondió a los fariseos con palabras del libro de Isaías. Claramente les muestra la ironía de su servidumbre, y su sumisión a Roma, cuando Cristo está con ellos, ofreciéndoles libertad.

> *A ustedes se les permite entender los secretos del reino del cielo —les contestó—, pero a otros no. A los que escuchan mis enseñanzas se les dará más comprensión, y tendrán conocimiento en abundancia; pero a los que no escuchan se les quitará aun lo poco que entiendan. Por eso uso estas parábolas: Pues ellos miran, pero en realidad no ven. Oyen, pero en realidad no escuchan ni entienden. De esa forma, se cumple la profecía de Isaías que dice: "Cuando ustedes oigan lo que digo, no entenderán. Cuando vean lo que hago, no comprenderán. Pues el corazón de este pueblo está*

endurecido, y sus oídos no pueden oír, y han cerrado los ojos, así que sus ojos no pueden ver, y sus oídos no pueden oír, y sus corazones no pueden entender, y no pueden volver a mí para que yo los sane". Pero benditos son los ojos de ustedes, porque ven; y sus oídos, porque oyen. Les digo la verdad, muchos profetas y muchas personas justas anhelaron ver lo que ustedes ven, pero no lo vieron; y anhelaron oír lo que ustedes oyen, pero no lo oyeron (Mateo 13:11-17 – NTV).

Los discípulos fueron escogidos. El Espíritu de Dios les dio un corazón blando y un entendimiento espiritual para poder discernir las historias de Jesús. Jesús oró por aquellos que lo amaban, para que pudiesen retener el regalo de ver la verdad a través de las historias de las Escrituras. Él oró para que ellos no fuesen como aquellas personas que solo usaban las Escrituras para escoger los pasajes que les convenían.

En mis años de ministerio, he conocido a muchas personas en la iglesia que son expertos conocedores de la Biblia pero que todavía no han conocido el *Verbo* de Dios; gente que puede defender sus artículos y sus doctrinas profundamente, pero nunca han sido conmovida por su Autor; gente que puede interpretar la sabiduría y el juicio de la ley contra los infieles, pero que nunca ha necesitado recibir la misericordia de su Perfeccionador. Ellos pueden ver y oír. Pero no perciben, no entienden o no abren su corazón y su mente para recibir la sanidad del *Verbo* de Dios, ¡de Jesús!

Las Escrituras condenan el pecado pero también nos informan, instruyen y animan para que podamos ver a Jesús. Y al verle, podamos llegar a amarle y adorarle para siempre. Las Escrituras son nuestra guía en el camino de la adoración. Al conocerlas íntimamente nos guiarán para percibir y escuchar su voz claramente.

Ciertamente no he descifrado los misterios y la belleza de la palabra de Dios. Cada día me esfuerzo para andar en sabiduría y en la verdad que ahora conozco. Pero existen algunos principios que he aprendido con relación a conocer la palabra de Dios:

1. Cuando cantes una canción nueva, pregúntate a ti mismo a que pasajes de las Escrituras te recuerda la canción. Después, Toma tiempo para buscarlos. Entonces, la próxima vez que cantes la canción

incluye esos pasajes de las Escrituras durante la adoración. Cuando adoro con canciones, voy a las Escrituras que conozco y las relaciono con la canción. Puedo ver donde se cruzan las letras con la enseñanza Bíblica. Algunas veces busco las frases e intento obtener un mejor entendimiento de la canción a través de las Escrituras.

2. Memoriza la Escritura. Estoy tratando de memorizarla. Debo admitir que era mucho más fácil cuando tenía siete años de edad e iba camino a la iglesia, entreno mi mente para poder retener las Escrituras. Me reto a mi mismo con el hecho de tener cientos (y tal vez miles) de canciones resonando en mi mente. Seguramente también podré aprender las Escrituras. Algunas veces, las pongo en un tono simple para que me ayude a recordarlas. Empiezo tomando pasajes cortos de la Escritura o un versículo que me haya impactado. Intento repasarlos varias veces al día por varias semanas. Trato de aplicarlos a mi vida diaria y trato de compartirlos con amigos. A medida que añado nuevos versículos, repaso los anteriores.

   Algunas veces se me hace más fácil memorizarlos si utilizo una traducción que refleje el lenguaje moderno. Por otro lado, mis raíces están firmemente plantadas en la traducción de la King James y me dan deseos de hablar el lenguaje del siglo dieciséis. Como beneficio adicional, el memorizar la Escritura en una versión contemporánea, nos ayuda a reflejar con mayor claridad la palabra de Dios a las personas en nuestra sociedad, la mayoría de las cuales, no creció yendo al templo o leyendo la Biblia.

3. Lee las Escrituras. Cuando leo las Escrituras, tomo una pausa para hablar con Dios. Algunas veces tengo un diálogo continuo con Dios, concentrándome en las ideas y en las cuestiones que surgen durante mi lectura. Es más que leer las Escrituras. Se trata de tomar las palabras que leo e interactuarlas, analizándolas desde el punto de vista donde me encuentro hoy. El leer la Biblia no es una carrera o un reto que hay que cumplir ("¡Este año he leído

la Biblia dos veces!). Yo lo veo como una relación. Deseo conocer mejor a Jesús. ¿Qué mejor manera que involucrándome con su palabra?

4. Tómate el tiempo para meditar en su Palabra.

En los últimos años he pasado mucho tiempo pensado en la meditación. Intento alejarme del ajetreo del mundo en el que vivo y pienso en las cosas de su Palabra escrita y las cosas que su Espíritu Santo trae a la luz. La meditación es algo difícil para nuestra sociedad. ¡Usualmente me quedo dormido! Pero no dejes que el quedarte dormido te impida intentarlo. He mencionado las veces que saco a pasear a mi perro y como el caminar me ayuda a meditar, pero hay muchas más oportunidades durante el día. La meditación es la quietud de la mente y del corazón para poder pensar en una sola cosa. La concentración intensa me ayuda a poner en perspectiva las cosas que tengo que realizar en el día.

Muchas veces pienso en los hombres y mujeres que han vivido o todavía viven bajo el comunismo o bajo un régimen anticristiano. He escuchado historias de cristianos que no han tenido la palabra escrita, excepto unos capítulos o versículos, o que han escuchado la Palabra escrita de Dios por la radio. Han memorizado lo más que pueden y después han juntado su conocimiento y se han apoyado y se han animado los unos a los otros con los pasajes Bíblicos que han memorizado.

Me pregunto, ¿dónde estaría nuestra generación si estuviésemos en la misma situación? ¡Conoce su palabra y conoce el Verbo!

Tu palabra es una lámpara que guía mis pies
y una luz para mi camino.
Salmo 119:105 (NTV)

Ustedes deben orar así:
"Padre nuestro que estás en el cielo,
santificado sea tu nombre, venga tu reino,
hágase tu voluntad en la tierra como en el cielo.
Danos hoy nuestro pan cotidiano.
Perdónanos nuestras deudas,
como también nosotros hemos perdonado a nuestros deudores.
Y no nos dejes caer en tentación,
sino líbranos del maligno."
Mateo 6:9-13

CAPÍTULO TRECE

LA ORACIÓN

Parte integral de la adoración

Jesús les estaba enseñando a sus discípulos los principios básicos de la vida. Cuando Él les enseñó sobre la oración, les dio varios consejos. El Padre Nuestro es un modelo de oración simple que cubre todo lo básico.

Jesús fue directo con sus discípulos. Les relató sobre el hombre que se ponía de pie en el templo y oraba apasionadamente para que todos lo pudieran escuchar, fanfarroneándole a Dios lo bueno que era. Jesús dejó en claro que ya habían recibido su recompensa, ¡la atención! (Lucas 18:10-14).

Les dijo que oraran en privado, en la quietud y el silencio de su propio espacio. Continuó diciendo que debían usar palabras simples al orar, palabras que usaban a diario. Él los animó a pedir por las cosas que necesitaban cada día.

Cuando los discípulos le pidieron a Jesús que les enseñara a orar, Él hizo una oración directa y simple. El Padre Nuestro, o tal vez mejor dicho, la oración de los discípulos, empieza reconociendo a Dios como Dios. Empieza íntimamente, llamando a Dios, "Padre". Comienza reconociendo que Dios tiene un propósito y un plan para el mundo. ¡Cuántas veces comienzo a orar por mis cosas! El ejemplo de la oración de Jesús comienza con una frase clara y simple de adoración, honrando el nombre de Dios. La parte final de la oración es personal. Ore por sus necesidades diarias, el perdón, y la protección.

La oración es hablarle a Dios de la manera más íntima y Dios anhela que le hablemos y le escuchemos. Necesitamos tener una vida de oración dinámica y poderosa.

Pero la oración cuesta trabajo.

Se requiere esfuerzo para orar. Debo invertir energía física, emocional, y espiritual. Y esto toma tiempo.

La oración no es una actividad para débiles, no es una salida o un escape. Requiere trabajo. Mientras que la oración, en esencia, es una simple conversación con Dios; piensa en las conversaciones que has tenido con alguien que amas. Para tener una conversación significativa, tienes que estar comprometido.

A veces le hablo a Dios de la misma forma en que yo les hablaba a mis hijos cuando tenían cuatro o cinco años de edad. Sin escuchar o pensar lo que estaba diciendo, solo hablando. Sin embargo, la verdadera conversación con Dios no es una actividad sin sentido o sin significado. La oración significa que estamos comprometidos en una relación.

La oración también requiere disciplina: silencio, soledad, escuchar, obedecer; alejándonos intencionalmente de las distracciones de la vida para poder comunicarnos con nuestro Dios.

Puede que la oración sea uno de los trabajos más difíciles que realicemos a lo largo de nuestras vidas. Pero si vamos a crecer espiritualmente, tenemos que orar. A medida que crecemos en la oración, empezamos a luchar con la persona que realmente somos delante de un Dios santo, no con la persona que cautelosamente mostramos a los demás. Afrontamos nuestras adicciones y distracciones directamente, y confesamos nuestras desilusiones y fracasos. En la oración, empezamos a remover las capas de mentiras que protegen el orgullo y la arrogancia. Nos humillamos delante de nuestro Creador y le pedimos su ayuda. Y Él nos enseñará cómo discernir su voz.

La oración expone de todas nuestras excusas, secretos y mentiras. Expone todas nuestras nociones de orgullo con respecto a quiénes somos. Y nos presentamos delante de Dios, desnudos y vulnerables. La oración es un tiempo en el que nuestro viaje de transformación puede comenzar.

Por muchas razones, este capítulo debería ser el primero, porque la oración es el comienzo del viaje de un adorador. La oración es la manera en la que hablamos con Dios y es la forma en que lo podemos conocer. La oración es una parte integral en el proceso de la adoración.

La oración abre las puertas a Dios y nos lleva a la adoración. Jesús les enseñó a sus discípulos que al comenzar y al finalizar la oración debían honrar y adorar.

El pastor y autor, Sammy Tippit, dice: "El objetivo entero de la oración, según Jesús, fue reconocer que todo el reino, todo el poder, y toda la gloria pertenecen solo a Dios; la verdadera meta de la oración es la adoración." (Sammy Tippit. "La oración y la adoración." Enlace en línea. Ministerios de Sammy Tippit: "El amor de Dios en acción". 16 Oct. 2004. <http://sammytippit.org/content/revival-worship/1911/Chapter%20%209%20-%20Prayer%20and%20Worship>).

La adoración nos ayuda a abrir las ventanas del conocimiento al Dios que nos creó y nos sostiene. La adoración nos lleva al interior de la presencia de Dios al lugar donde podemos escuchar su voz, en donde podemos conversar con Él y pedirle las cosas que necesitamos. En julio de 2002, tuve el privilegio de predicar en el Retiro Internacional de Adoración 2002, de Danilo Montero, "De Gloria en Gloria" en San José, Costa Rica. Muchos de los oradores hicieron énfasis en el tema de la gloria de Dios. Esa conferencia me dejó atónito. En ese entonces, ya había estado enseñando el tema de la adoración por 8 años. *Sé* que la adoración es darle la gloria a Dios. Pero estaba ciego por causa de mi pensamiento unidimensional.

Como seguidor de Jesús debo vivir en un mundo tridimensional, estoy en la tierra, pero al mismo tiempo el mundo espiritual de los ángeles y de los demonios, son parte real de mi existencia. Por supuesto, rara vez reconozco la vida más allá de mi pequeño mundo. En ocasiones me enredo en mis propios problemas. Problemas financieros, de relaciones personales, de oportunidades para el ministerio, y de los quehaceres de todos los días que invaden mi mente. Oro por las cosas que necesito y las que deseo. Intercedo por otros. Oro por las necesidades del ministerio. Oro por las necesidades de mi iglesia y de mi comunidad. Pero rara vez o casi nunca, veo más allá de mi pequeño mundo, la gloria que Dios quiere mostrar al mundo entero.

¿Qué significa orar para que se establezca el reino de Dios? ¿Qué tan radical es esperar que se haga la voluntad de Dios en donde yo vivo, así como en el cielo, en donde Él es realmente el rey?

Como hijo de Dios, vivo activamente en dos mundos. La oración me ayuda a reconocer esa verdad. Jesús nos llama a orar para lo que ocurre en el cielo ocurra en la Tierra. Jesús nos dice que debemos orar para que Su reino y Sus deseos sean conocidos en la Tierra de la misma manera que son conocidos en el cielo. Él quiere que Su gloria se muestre a través de nuestras vidas, de las vidas de su pueblo, mientras hacemos las cosas que necesitamos hacer.

Con qué rapidez mi vida de oración se disuelve en una mentalidad de máquina expendedora, siempre pidiendo las cosas que quiero. Sin embargo, Dios nos pide que centremos nuestra oración en nuestro deseo de ver que la obra de Dios se lleve a cabo en nuestras comunidades. *Ahora, Señor, toma en cuenta sus amenazas y concede a tus siervos el proclamar tu palabra sin temor alguno. Por eso, extiende tu mano para sanar y hacer señales y prodigios mediante el nombre de tu santo siervo Jesús"* (Hechos 4:29-30).

Este pasaje, en la primera parte de Hechos, ocurre en un tiempo cuando el mundo le había dado la espalda a Cristo. Pocos hombres y mujeres habían aceptado las enseñanzas de Jesús; y muchos menos habían crecido en intimidad con Él. Su vida en la Tierra culminó con una muerte horrenda en una cruz, en medio de dos ladrones. Los discípulos se marcharon durante la hora más intensa de la vida de su Señor y Salvador. Ellos, literalmente le dieron la espalda a Jesús, negando que lo habían conocido. Cristo murió y el mundo volvió a ser lo que había sido antes de que Él llegara. Parecía como que si nada hubiese cambiado.

Pero el drama de la muerte de Cristo no fue nada comparado con el gozo de Su resurrección. Fue algo no tan evidente. Ahora, los discípulos habían visto a su Señor y su Dios ascender a los cielos. Él los dejó con el poder de Su Espíritu y con una visión para multiplicar la obra de Dios en el mundo.

Cuando empezaron a divulgar las Buenas Nuevas, que *Cristo había resucitado*, fueron amenazados, perseguidos y odiados. La gloria de Dios que habían experimentado, fue aplastada por la incredulidad que les rodeaba. Oraron, no por ellos mismos, sino para que Dios les diera el valor necesario para combatir las mentiras que decía la gente alrededor de ellos. Ellos deseaban hablar con poder y autoridad para que Jesús fuera celebrado y alabado. Protegían con celo la reputación de su Dios, deseosos de Su gloria.

El estar deseosos de proteger con celo la reputación de Dios, no solo para mí o para la iglesia, sino para que el mundo pueda ver, es otro distintivo del adorador. El adorador tiene que dar a conocer la gloria y la reputación de Dios por toda la tierra.

He participado por más que 13 años en programas de inmersión, en barrios marginados, durante la semana de orientación con los grupos de misiones de verano, con la Misión Juvenil Internacional (MJI, ahora conocido como MB Misión equipo de ACCIÓN). MJI es un programa de discipulado para adolescentes y jóvenes adultos cristianos. Para ser honesto, la mayoría de los hombres y las mujeres que participaron en MJI tenían una idea vaga de cómo era ese mundo sórdido. Ellos habían crecido en comunidades seguras, hogares sanos, y entornos protegidos. El ser cristiano no era nada sorprendente para ellos, porque nunca habían vivido de un modo diferente que cualquier otra persona en su pequeño círculo.

Para ampliar un poco más sus horizontes, los llevamos a la parte más central de Toronto. Esta zona de la ciudad es un vacío espiritual, que atrae a un grupo raro de gente muy necesitada, vagabundos, enfermos mentales, etc. Desviación sexual, drogadicción y mucho más, todo está allí.

Les permitimos a los jóvenes estar en las calles, en grupos de 3 o 4. Su tarea era relacionarse con la gente, orar por la ciudad, por la gente que vivía allí, y sumergirse en aquella atmósfera tan evidente de pobreza y de necesidad.

Después de pasar unas 6 horas alrededor del centro de la ciudad, esa noche nos reunimos en el parque Allan Gardens alrededor de las 11:30 de la noche. Allan Gardens es un sitio de reunión de parejas homosexuales, de narcotraficantes y pandillas. Nos reunimos para realizar un intercambio de impresiones sobre nuestro tiempo en la ciudad. Hablamos sobre lo que vimos y lo que sentimos. Compartimos nuestras experiencias y hablamos sobre las conversaciones que habíamos tenido. Después, comenzamos a interceder por la ciudad. Durante nuestro tiempo de intercesión, en medio de este parque de homosexuales, levantamos nuestras oraciones, nuestros cantos y nuestras historias para alabar a Dios. Oramos para que la gente de la ciudad de Toronto pudiera aceptar a Dios.

El parque estaba oscuro y daba miedo. Las luces estaban oscurecidas por los árboles. Las esquinas oscuras proveían una amplia penumbra que ayudaba a cubrir las citas sexuales secretas, la venta de drogas y otros actos ilícitos.

Nunca me olvidaré de la primera vez en la que participé en este programa, en el verano de 1990. Nos reunimos en medio del parque, alrededor de la medianoche y comenzamos a alabar a Dios. Uno de los participantes interrumpió la alabanza muy asustado. Había una pelea con navajas al otro lado del parque y alguien podía morir si no interveníamos. Randy Friesen, el director de MJI en ese entonces, sugirió que le pidiéramos a Dios su dirección antes de intervenir. En el instante que inclinamos nuestras cabezas y empezamos a pedirle a Dios, una joven habló, "Hemos estado alabando a Dios en este lugar. ¿Por qué no vamos allí y le adoramos?". Éramos ingenuos, muchos de nosotros habíamos crecido en áreas donde los campos de trigo eran más comunes que el concreto. Pero estábamos ansiosos por agradar a Dios y obedecer Su palabra. Así que 75 hombres y mujeres jóvenes, que en su mayoría, nunca habían estado en Toronto hasta esa noche, marcharon a largo del parque hacia el lugar donde estaba la lucha, cantando alabanzas para Dios todo el tiempo.

El joven tenía razón. Había una pelea y parecía que se iba a poner peor. Ni siquiera levantaron sus cabezas cuando llegamos. Sin instrucción o sugerencia alguna, el grupo entero se tomó de las manos y formó un círculo alrededor de los dos luchadores.

Continuamos cantando.

Tan pronto como nos tomamos de las manos, cerrando el círculo, los dos individuos dejaron de pelear y huyeron en direcciones opuestas. Continuamos alabando a Dios en nuestro círculo cerrado, compartimos algunas de nuestras experiencias e impresiones y oramos para que la gloria de Dios se manifestara en esa ciudad y en ese parque.

Mientras estábamos alabando y orando, se acercaron personas de otras partes del parque y se sentaron alrededor de nuestro círculo para observar y escuchar. Una hora después, cuando terminamos nuestro tiempo de oración, alrededor de la una de la mañana, nuestro grupo se dividió en grupos de dos y de tres, nos dirigimos a hablar con la gente que se había acercado a escuchar. Un grupo de tres jóvenes granjeros, se sentaron y hablaron con uno de los peleadores callejeros que había regresado para saber lo ocurrido. Ellos se enteraron que la pelea había sido por drogas y por un dinero que le habían robado.

En algún punto de la conversación, el interrumpió y pregunto, "¿De dónde vinieron ustedes?". Uno de los participantes le comenzó a explicar que veníamos de distintas partes del Canadá en un viaje misionero. "No," respondió, "quiero decir esta noche. Estaba luchando por mi vida, la cual estuve a punto de perder, cuando de repente apareció ¡una luz brillante y un montón de gente alrededor nuestro! Me asusté tanto que salí corriendo."

Ninguno de nosotros vio la luz brillante. Y no puedo entender cómo dos personas que estaban luchando no escucharon a 75 personas cantar a todo pulmón, ¡así de aterrorizados estábamos! Pero lo que sí sé es que cuando Dios revela su gloria, ¡sucede algo!

Recientemente, me sorprendió cómo había cambiado el parque Jardines Allan (Allan Gardens) desde mi primera visita. Ya no era un parque oscuro y sucio con ramas bajas y esquinas oscuras donde alguien se podía escabullir. Había bastante luz. El parque estaba limpio, la maleza se había podado y quedaba suficiente espacio. De pronto, me di cuenta de que en cierta manera, yo había sido parte de ese cambio. Mis oraciones, junto con las de cientos de jóvenes, trajeron la atención de Dios a este parque al pasar de los años. Dios empezó a plasmar el brillo de su luz.

¿Será que esta ciudad ha experimentado un gran avivamiento? No. De hecho, la ciudad todavía continúa luchando contra el crimen, los abusos y las pandillas. Pero en 2003, en la ciudad y en todo Canadá, se reportó que el índice de criminalidad se había reducido. ¿Todavía sigue siendo más alto que hace 40 años? Sí. Pero algo ha estado ocurriendo para detenerlo. No voy a decir que fueron nuestras oraciones las que lo hicieron. Pero si creo que a medida que más y más creyentes comienzan a participar en el trabajo de oración, celosamente buscando la gloria de Dios para que sea revelada en nosotros, en nuestra ciudad, en nuestros países, y en nuestro mundo, Dios empieza a revelarla.

Creo que nuestra alabanza y nuestra oración pueden cambiar las cosas. Creo que si, como una comunidad de adoradores, dispusiéramos nuestros corazones y pusiéramos en marcha nuestras oraciones, podríamos impactar nuestras comunidades de una forma dinámica.

Como me gustaría que algunos de mis colegas y compañeros de mediana edad hubiesen tenido la oportunidad de observar lo que Dios hizo esa noche. No me puedo imaginar como la mayoría de los hombres de negocios exitosos que conozco hubiesen respondido ante la violencia de la que fuimos testigos esa noche. Sé que la mayoría de ellos nunca va a la ciudad de noche. Muchos de ellos viven en un mundo en donde la oración casi no es necesaria.

Cuando oramos hacemos una declaración increíble. Estamos diciendo que creemos que Dios puede hacer y hará todas las cosas que ha prometido hacer. Lee de nuevo el pasaje en Hechos 4:29-30. Dios hará prodigios y señales en el nombre de Cristo. Cuando oramos, actuamos en fe creyendo que Dios hará su voluntad en nuestras vidas, en nuestras comunidades y en nuestro mundo.

Pero la oración es trabajo. Nuestras oraciones son actos de fe. Son declaraciones de adoración, que glorifican al Dios que puede y que responderá, ¡declarando a las naciones y a los cielos que Él es capaz y que Él lo hará! Nuestras oraciones ayudan a darle la gloria a Dios en nuestro entorno. La oración es adoración y la gloria de Dios se hace visible ante nosotros, dentro de nosotros y a través de nosotros para los demás.

De muchas formas, estoy aprendiendo a adorar a Dios en la maravilla de su gloria. ¡Casi no entiendo lo que significan estas palabras! Estoy en medio de una travesía para aprender a orar. Estoy aprendiendo que mi oración es más efectiva cuando me atrevo a creer en la habilidad de Dios para responder, ¡por el bien de Su gloria!

Les comparto algunas de las cosas en las que he estado trabajando para fortalecer mi fe en el glorioso Dios a quien sirvo y que me han ayudado a convertirme en un mejor adorador en mi diario vivir:

1. Pídale a Dios que le enseñe a orar. Si no sabe como orar por alguna situación en particular, pídale a Dios que le muestre como orar.

   Puede parecer un poco humillante, pero he comenzado a pedirle a Dios que me muestre cómo debo orar. Cuando alguien me pide que ore por él/ella, primero, estoy aprendiendo a tomar una pausa y a pedirle a Dios que me muestre como debo orar por esa persona o por esa situación. ¡Algunas veces, pienso en la ironía de mi vida, debo orar, pero no puedo orar sin que Dios me haya enseñado antes!

2. Usa el Padre Nuestro como una guía en tus oraciones. Concentrarme en los segmentos del Padre Nuestro, me ayuda a orar de una forma más disciplinada y más directa.

   Intencionalmente, comienzo mis oraciones con la adoración, reconociendo que Dios es Señor. Abro mi mente y mi espíritu a la realidad. El mundo tiene tres dimensiones y reconozco que el cielo y el infierno son partes reales de esta existencia. Pido libremente por las cosas que Dios suple, siendo más y más consciente de que Dios provee para todas mis necesidades, hasta mi comida, la cual a veces tomo por hecho. Me tomo el tiempo y paso por el dolor de admitir abiertamente mi propio pecado y le permito a Dios que sane las heridas que otros me han causado. Me cuesta dejar las cosas a las que me aferro, que me impiden amar a Dios. Estoy aprendiendo a comprender que la protección de Dios no solo nos puede librar de accidentes o desastres naturales, sino también lo que pasa en el mundo espiritual constantemente en guerra a nuestro alrededor.

3. Haga un estudio de los nombres de Dios. Escriba los nombres de Dios y medite sobre sus significados. Esto me ayuda a tener un conocimiento más amplio del Dios Santo al que llamo "Padre". Esta página web es un buen sitio para estudiar los nombres de Dios: <http://www.shema.com/spanish/spanish-015.php>.
4. Busque la palabra "gloria" o "gloria a Dios" en una concordancia bíblica o en un diccionario. Si no tiene una concordancia, una buena opción es buscar en Internet: http://www.biblegateway.com/. Úsela para encontrar versículos que hablen de la gloria de Dios.
5. He descubierto que cuando le permito a Dios llenar mi corazón con una mejor comprensión de Su esencia y del fervor que tiene para que Su gloria sea revelada en la tierra como en el cielo, empiezo a comprender plenamente su deseo de revelar su gloria hacia mí y en mí. ¡Y esto siempre me llama al cambio!

Es más, todo lo considero pérdida
por razón del incomparable valor de conocer a Cristo
Jesús, mi Señor.
Por él lo he perdido todo, y lo tengo por estiércol, a fin de
ganar a Cristo y encontrarme unido a él.
No quiero mi propia justicia que procede de la ley, sino
la que se obtiene mediante la fe en Cristo, la justicia que
procede de Dios, basada en la fe.
Lo he perdido todo a fin de conocer a Cristo, experimentar
el poder que se manifestó en su resurrección, participar en
sus sufrimientos y llegar a ser semejante a él en su muerte.
Así espero alcanzar la resurrección de entre los muertos.
Filipenses 3:8-11

CAPÍTULO CATORCE

LA PASIÓN POR SU PRESENCIA

Esperando más de Cristo

Conocer a Cristo y el poder de su resurrección, es lo que deseo tener como tema central en mi adoración y en mi vida personal. Conocer su presencia en todo momento, escuchar sus palabras y sus pensamientos, experimentar su mano eterna en mi vida, en mi trabajo y en mis relaciones. Deseo que Dios se manifieste en mi vida. Lo quiero sentir.

Conocer a Dios, de hecho, como si Dios estuviese en la habitación junto a nosotros, es un momento raro e insostenible. Pero cuando lo sentimos, cuando SABEMOS que Dios está allí, es un momento inolvidable.

¡Experimentar la presencia de Dios es tan variado como el número de personas que lo han experimentado!

Para algunos, la presencia de Jesús es un sentimiento que nos envuelve, es como una niebla espesa con un peso tangible o con una sustancia adherida. Se le asocia con la intensidad, con la intimidad y con la vulnerabilidad en un tiempo de adoración con propósito.

Para otros, es llegar a un destino específico. "Fuimos llevados a Su presencia". "Cómo deseo estar en Su presencia". "Al entrar en un lugar donde se encuentra la presencia de Dios, siento el peso de Su presencia descender sobre mí".

Algunos dicen que han llegado a Su presencia o la han experimentado cuando, en la reverencia del silencio o en la meditación, sienten el sobrecogimiento de "Dios en ese lugar".

Otros no pueden sentirla sin haber tenido antes una abundante alabanza, vibrante y festiva, que los motiva a mover sus pies para danzar y su voz para dar gritos de júbilo a un Dios maravilloso.

Aun, otros describen que la presencia de Jesús se les revela cuando dan de comer a los pobres, visten a los que no tienen ropa, suplen las necesidades de sus vecinos cuando han sufrido alguna perdida o cuando están de luto. Se regocijan con aquellos que se gozan, y lloran con aquellos que lloran. Para ellos la presencia de Cristo se encuentra en los ojos de aquellos a quienes ellos ministran.

Algunos dicen que saben que Jesús está presente porque lo dicen las Escrituras. Para ellos, experimentar su presencia es un simple acto de fe en la doctrina de Emanuel (Dios con nosotros). Creen que Dios nunca los dejará ni los abandonará y que nada los separará de su amor. Para ellos conocer la presencia de Dios es la activación de su fe más que la activación de sus sentidos.

Dios se manifiesta a cada uno de nosotros de una manera única y maravillosa. Limitar la descripción de la presencia de Dios a una o dos maneras es como limitar a un Dios ilimitado.

Si soy honesto conmigo mismo, reconozco que Dios me ha demostrado Su presencia de cada una de estas maneras. Si no estuviera escuchando con oídos abiertos, mirando con ojos abiertos, y adorándolo con un corazón abierto, muchas veces me perdería Su presencia.

Yo creo que Dios siempre le está mostrando a su pueblo Su presencia, pero a veces, no sintonizamos nuestros sentidos para darnos cuenta de la variedad de formas en las que nos deja saber que *Él* está allí. O tenemos expectativas tan limitadas de cómo Dios nos revela su presencia que por lo general fallamos en percibirla.

En el invierno de 2002, estuve tres meses en Guatemala intentando aprender español. La primera familia con la que viví, era una devota familia Católica. Aunque al principio casi no podía entender sus palabras, supe y vi que su familia amaba a Dios. Vi la presencia de Cristo de muchas formas por medio de su amor y su interés por mí, siendo un extranjero en su hogar.

La época de la Cuaresma y la Pascua, en otras palabras la Semana Santa, es un gran acontecimiento en Guatemala. Las procesiones largas y complicadas se abren paso por la ciudad cada domingo de Cuaresma y muchas veces durante la Semana Santa. La gente pasa horas en las calles, haciendo alfombras de aserrín de colores y flores para recorrido procesional. Este es un acto de sacrificio, para abrirle paso al Rey de Reyes, tal como lo hizo la gente de Jerusalén al esparcir hojas de palma y pieles de animal en el camino para que Jesús pasara por encima montado en un burro.

Otros pagan por el honor de cargar las grandes andas que llevan encima la imagen del sufrimiento de Cristo. Las mujeres llevan zapatos de tacón alto y ropa de frio para hacer más intenso el sufrimiento que ellas experimentan. Algunos lo hacen como penitencia por sus pecados. Algunos políticos llevan las andas como una forma de demostrar su humildad a sus constituyentes. Muchas veces, la alabanza no es tan pura. Algunos lo hacen para que las personas de la comunidad los vean. Otros lo tienen que hacer porque es necesario para mantener su posición en de la comunidad. Otros, por el simple hecho de que es lo que se espera.

Pero sea cual sea la razón y aunque esté o no de acuerdo teológicamente con las razones detrás de las actividades, aun así, experimenté la presencia de Cristo al hacer una alfombra y al observar a algunos feligreses con lágrimas en sus ojos, cargando la imagen del Cristo crucificado y destruyendo la alfombra a su paso. Recordé estas palabras: *Ciertamente él cargó con nuestras enfermedades y soportó nuestros dolores* (Isaías 53:4a). La presencia de Cristo se hacía visible en los actos de su pueblo, expresado por Su sufrimiento en estas procesiones.

> *Entonces Moisés dijo: "Si tú mismo no vienes con nosotros, no nos hagas salir de este lugar. ¿Cómo se sabrá que me miras con agrado —a mí y a tu pueblo— si no vienes con nosotros? Pues tu presencia con nosotros es la que nos separa —a tu pueblo y a mí— de todos los demás pueblos de la tierra." El SEÑOR contestó a Moisés: "Ciertamente haré lo que me pides, porque te miro con agrado y te conozco por tu nombre."* (Éxodo 33:15-17 – NTV)

Este pasaje en Éxodo viene justo después del fiasco con el becerro de oro. Dios llama a Moisés a la montaña para darle instrucciones personales. Esto significaba que tendría que dejar al pueblo mientras subía a la montaña para hablar con Dios. Cuando regresó, la gente estaba adorando al becerro de oro. En pocas semanas, abandonaron a Dios por un objeto inanimado.

Dios estaba furioso.

Moisés le rogó a Dios para que perdonara al pueblo. Y la gente destruyó el becerro. Dios no destruyó a los israelitas, pero se distancio de ellos. Le dijo a Moisés que les salvaría la vida y que les permitiría entrar en la tierra prometida, pero Él no iría con ellos. Cedió hasta el punto de darles un ángel personal que iría delante de ellos para protegerlos, pero Dios mismo se quedaría atrás. Le dijo a Moisés que estaba tan furioso con su pueblo que temía que sí él se iba con ellos los podría destruir en el camino (Éxodo 33:1-3).

Moisés se rehúsa a ir sin Dios. Ningún ángel, no importa que tan poderoso o capaz sea para destruir a los enemigos de los israelitas, podría reemplazar a Dios. Moisés empieza a negociar con Dios.

Moisés le dice a Dios que no tiene sentido continuar si Él no va con ellos, pues sin Dios no habría nada que les diferenciara de las otras naciones. Ellos eran el pueblo de Dios. Moisés se aferró a esa distinción. La presencia de Dios evidencia Su liderazgo, Su amor, y Su vida con su pueblo.

Moisés anhelaba la presencia de Dios en su vida y en las vidas de la gente que él guiaba. Él sabía que los israelitas no eran nada sin la presencia de Dios.

Como cristianos, también somos el pueblo de Dios. La presencia de Dios es lo único que nos distingue de las demás personas. Su presencia es el sello en nuestras vidas que les demuestra a los demás que pertenecemos al Rey. No somos ciudadanos de este mundo, sino extranjeros y forasteros. No nos identificamos como hijos de Dios por las cosas que hacemos, aunque algunas veces nos confundimos en este punto. Asistir a la iglesia, hablar en un lenguaje limpio y puro, no fumar, beber moderadamente, llevar la Biblia con nosotros, todo lo que hayamos aprendido durante nuestro crecimiento que nos muestre que somos cristianos, no es un buen indicador de nuestra relación con Cristo. El *único* indicador para saber si somos cristianos, es la presencia de Dios en nuestras vidas. Somos un espejo que refleja el carácter de Dios en todo lo que hacemos. Cuando deseamos la presencia de Cristo en nuestra vida, anhelamos que Jesús sea aparente en todo lo que hacemos.

Por naturaleza, no reflejamos el carácter de Dios. Jesús nos dice que amemos a las personas, especialmente aquellas con las que naturalmente nos sentimos incómodos. Eso significa que debemos amar a la gente tal como es. Para mí es un gran desafío. Para mí es mucho más fácil amar a las personas que se me asemejan. Me gusta estar con las personas que me siento a gusto y que comparten mis mismos gustos. Pero eso no es lo que Dios me dice. Él me dice que debo de amar a la gente que Él ama, con todas las cosas raras que tengan.

Reflejar a Jesús significa estar con la gente para que puedan dejar su pecado. Seremos pacientes con los que pecan una y otra vez, dándoles siempre la oportunidad de regresar a Dios. Esta es una de las cosas que más me cuesta. ¿Cómo es que Dios nos acepta cuando nos alejamos? Recuerda la historia de los israelitas. Dios hizo milagros una y otra vez. Cuando los egipcios los persiguieron hacia el Mar Rojo, Dios abrió las aguas para que los israelitas pudieran pasar. Después hizo caer las paredes de agua sobre los egipcios que les perseguían, ahogando a la mayoría de su ejército. Unos días después, cuando la gente andaba errante por el desierto, se quejaron a Dios porque tenían sed. A pesar de que Dios acababa de hacer un milagro sorprendente, no acudieron a Dios ni confiaron en que Él les podría dar el agua que necesitaban. En vez de eso, se quejaron y se lamentaron diciendo que Dios no era real, aunque Él seguía estando con ellos.

El reflejar a Cristo significa que vamos a defender a los débiles y a los impotentes. Jesús caracteriza la misericordia y la justicia. El mundo refleja el poder y la posición social. Cuando reflejamos a Jesús en nuestras vidas, protegemos a aquellos que no se pueden proteger a sí mismos. La Biblia nos dice que la verdadera religión es visitar a aquellos que se encuentran encarcelados, cuidar a las viudas y a los huérfanos. El mundo nos dice que los fuertes tienen éxito. Dios dice que los fuertes deben de ayudar a los débiles. El mundo dice que si no nos relacionamos con los débiles no obtendremos la mejor posición. Dios dice que la posición no tiene ningún valor si perdemos nuestra alma.

El reflejar a Jesús significa que vamos a confrontar el pecado y el mal en nosotros y en nuestro mundo. Lo debemos hacer de una forma que redima al mundo, que no solo lo juzgue y lo rechace. Dios es santo. El no puede soportar el pecado. ¡Es más fácil cerrar nuestros ojos al pecado y tener la esperanza de que desaparezca! El mundo en el que vivimos está lleno de actividades que lastiman a Dios. Esto no significa que solo vamos a juzgar a la gente. Dios señala el pecado con amor. Cuando Dios se acerca a nosotros y nos ama, empezamos a odiar nuestro pecado y entre más nos acercamos a Dios, más doloroso se hace el pecado.

La pasión por la presencia de Cristo en nuestra vida nos ayuda a entender su amor por el mundo. Cuando empezamos a entender cuanto ama al pecador, empezaremos a experimentar su presencia mientras estamos adorando, meditando, mientras ayudamos y amamos a nuestro prójimo. Y cuando amamos y cuando satisfacemos las necesidades de la gente con la que convivimos diariamente, empezaremos a conocer su presencia en cada acto, en cada pensamiento, en cada oración y en cada canto.

Me gusta cuando siento la presencia de Dios de una manera emocionalmente fuerte. Algunas veces, especialmente después de un tiempo largo sin sentirlo, me encuentro anhelándolo profundamente. Pero estoy empezando a entender mejor que esa no es la única manera en la que Él se revela o desea revelarse. Él me invita a verlo y a percibirlo en lugares, experiencias y circunstancias diferentes. Me anima a verlo en todo lo que hago. Desea que lo conozca de todas las maneras y que no limite la expresión de Su presencia en mí.

Si la presencia de Dios debe de ser la marca en mí vida hacia los demás, entonces debo hacer algo más que simplemente buscar Su presencia en medio de la comunidad de creyentes. Necesito anhelar desesperadamente que Dios me revele su presencia en cada circunstancia. Necesito mostrar el carácter de Dios en mi trabajo, en el supermercado, en el partido de fútbol, en situaciones de conflicto.

A continuación, les muestro algunas de las cosas que he hecho para desarrollar la pasión por Su presencia:

1. Pídale a Dios que cada día se le revele. Suena muy simple, ¿verdad? Y lo es. Pero la vida tiene una forma en que las cosas simplemente suceden. Me olvido de preguntar. Me paso el día esperando que la presencia de Dios me sorprenda en vez de buscarla.
2. Pregúntese a sí mismo: "¿Dónde veo a Dios obrar, dónde observo su obra, en lo común y corriente o en lo cotidiano?". Lo intento y lo hago frecuentemente durante la semana. Pero debo estar consciente de buscar a Dios. También, debo conocer a Dios de una mejor forma, para que pueda ser capaz de reconocerlo.
3. Trate de registrar las veces que no haya sentido Su presencia en su vida y pregúntese cuáles han sido las circunstancias que no le han permitido sentirlo. Algunas semanas son una locura. Parece que paso de una cosa a otra, sin parar. Me enredo en mi vida diaria y no veo a Dios. No debería sorprenderme, porque no le he estado buscando. Cuando reconozco lo que ha estado sucediendo, empiezo a buscar maneras para crear espacios adecuados, para que nuevamente Dios me revele Su presencia como el silencio en la meditación, la tranquilidad al reflexionar en Sus escrituras, un paseo en el parque con los ojos y oídos abiertos para estar atento a lo que Él me desea mostrar; estar atento a las conversaciones que tengo con los demás y a cómo Dios me puede hablar a través de ellos.
4. Trate de ampliar su perspectiva con relación a la presencia de Dios, o a cómo se manifiesta, pidiéndole a las personas que se encuentran en diferentes etapas de la vida, de diferentes denominaciones y de diferentes experiencias; que le compartan cómo ellos han experimentado la presencia de Dios en su vida. Puede ser un poco arriesgado. Yo llego a conocer muchas personas en mis viajes. Todos ellos tienen historias sorprendentes con relación a cómo

> Dios se les ha revelado. Pero con frecuencia, conozco gente que cierra su mente y su corazón a las distintas maneras en las que Dios actúa en sus vidas. Los carismáticos ven a la gente que es menos carismática que ellos como gente sin emoción que no han sido tocados por Dios. Muchas veces ellos piensan que las otras personas no han conocido verdaderamente a Dios porque no pueden explicar su relación con Él de la misma manera, o con las mismas palabras. Por otro lado los cristianos más conservadores y tradicionales son escépticos con respecto a la fe y las vidas de los carismáticos, pues sospechan que estos pueden ser engañados o descarriados más fácilmente, ya que su fe y adoración están profundamente ligadas a las emociones. Recuerde que Dios le habla a la gente de muchas maneras diferentes. A algunos les habla con una voz apacible y callada. A otros, con truenos y relámpagos. Abra su corazón, escuche a los demás y permita que su relación con Dios toque su corazón.

Pídale a Dios que le revele Su presencia, en donde usted se encuentre. Dios está allí. Él se manifestará en momentos inesperados. Él le ama y quiere que lo conozca, y que camine con El cada día.

Pero ustedes son linaje escogido, real sacerdocio,
nación santa, pueblo que pertenece a Dios, para que
proclamen las obras maravillosas de aquel
que los llamó de las tinieblas a su luz admirable.
Ustedes antes ni siquiera eran pueblo, pero ahora son
pueblo de Dios; antes no habían recibido misericordia,
pero ahora ya la han recibido.
Queridos hermanos, les ruego como a extranjeros y
peregrinos en este mundo, que se aparten de los deseos
pecaminosos que combaten contra la vida.
Mantengan entre los incrédulos una conducta tan
ejemplar que, aunque los acusen de hacer el mal, ellos
observen las buenas obras de ustedes y glorifiquen a
Dios en el día de la salvación.
1 Pedro 2:9-12

CAPÍTULO QUINCE

ADORACIÓN QUE ES TESTIMONIO

La presencia de Dios nos diferencia de los que nos rodean

Fuimos creados para la adoración. Pedro le dice a la iglesia primitiva: *ustedes son como piedras vivas, con las cuales se está edificando una casa espiritual* (1 Pedro 2:5). En Romanos 12:1-2, Pablo le instruye a la iglesia ofrecer sus cuerpos y todo en sus vidas, físicamente, emocionalmente y espiritualmente, como un sacrificio vivo en un acto espiritual de adoración. Dar nuestras vidas en adoración significa que renunciamos a nuestra ciudadanía terrenal. Aunque vivimos en el mundo, debemos vivir como extranjeros y forasteros, rehusándonos a vivir como aquellos que no conocen a Cristo.

¿Por qué?

Porque así la gente que vive con nosotros en este mundo, verá obras bondadosas que hacemos, y entonces reconocerá que nuestro Dios es un Dios poderoso y fiel.

Limitar el acto de la adoración al segmento del canto, el domingo por la mañana, limita a Dios en nuestras vidas. Aunque en los momentos de adoración colectiva, las canciones e himnos son parte vital en nuestro crecimiento y en nuestro alimento espiritual, solo son una parte de la adoración. La verdadera adoración proviene de nuestras vidas, y permea todo lo que hacemos.

La verdadera adoración, como los verdaderos adoradores, nunca se queda solamente en la iglesia. Se extiende dentro de la comunidad. Su fragancia es mordazmente dulce en nuestro mundo. Piensa en esto. En un mundo que tiene temor del futuro, permanecemos firmes en la roca de nuestra salvación, confiando en que Dios lo tiene todo bajo control. En un mundo cansado de las relaciones fallidas, de los abusos físicos, y del alcoholismo y la drogadicción, nosotros descansamos en los brazos de un Dios de amor puro. En un mundo en donde las enfermedades destruyen los cuerpos y las mentes, nosotros somos sanados por el poder de Dios.

El anhelo de un verdadero adorador es sazonar al mundo con un sabor tan dulce y fragante que toda la gente sea atraída a saborear la misma fuente. La verdadera adoración impacta nuestro mundo.

La adoración impacta nuestro testimonio y nuestro testimonio impacta las naciones. Porque cuando adoramos, compartimos la historia de un Dios grande y poderoso. Cuando compartimos esa historia, la gente que nos rodea experimenta el cambio. Al final, el compartir esa historia impacta a las naciones de manera radical. Algunas veces, en nuestras diminutas vidas, nos olvidamos de las historias de nuestro Dios. Sin embargo, la historia está llena de visiones de adoradores que obraron con pasión y que respondieron a las necesidades a través de la adoración.

Ludwig von Zinzendorf era un adorador apasionado. En 1731, mientras asistía a la coronación de Cristián VI en Copenhague, el joven conde conoció un esclavo converso de las Antillas que se llamaba Anthony Ulrich. Cuando Anthony le habló sobre las dificultades de su pueblo, Zinzendorf sintió compasión y lo invitó a irse con él a Moravia, para compartir su necesidad con los estudiantes de ese lugar.

Durante una noche de adoración y testimonio, dos jóvenes, Leonard Dober y David Nitchmann, sintieron el llamado del Espíritu Santo y viajaron a la isla de St. Tomás para vivir con los esclavos y compartir el evangelio. Los dos hombres no eran ricos ni tampoco recibieron fondos para su viaje. Se vendieron como esclavos para poder predicar a los otros esclavos. La pasión de uno de los jóvenes era tan fuerte que terminó su relación con su prometida para seguir el llamado de Dios a las misiones (Rev. John Jackman. Conde Nicholas Ludwig von Zinzendorf. Publicado en línea. Zinzendorf: El Conde sin Fronteras. Disponible en: http://www.zinzendorf.com/countz.htm. Disponible el: 16 de octubre de 2004).

El Rey David casi nunca ocultó su adoración. Les hablaba valientemente a los judíos y a las naciones de su amor por Dios. En el Salmo 57:9, David dijo, *Te alabaré, Señor, entre los pueblos, te cantaré salmos entre las naciones.* Para David, el adorar y alabar a Dios por medio de los salmos era algo importante. La vida de David y su plena confianza en Dios atrajo a las naciones alrededor de él para que alabaran a Dios. David alababa en la calle sin ninguna vergüenza. Su mujer lo veía desde la ventana del palacio y se avergonzaba de la estupidez de David con relación a su dignidad real. Pero antes de ser rey, David era adorador. Su estilo de adoración atrajo a las naciones para que también alabaran a Dios.

Estamos perdiendo un componente importante de la adoración cuando no dejamos que el mundo nos vea. La alabanza no solo es para la iglesia, la adoración es para que el mundo la pueda ver. Porque cuando el mundo nos vea adorar en verdad y en amor, ellos serán atraídos a alabar al Dios de dioses. Cuando el pueblo de Dios es como un David ante el Dios viviente, el mundo se incorpora y se da cuenta.

¡Oh! Imagina la simpleza. Dios nos dice que si vivimos como verdaderos adoradores, sin ningún esfuerzo, nos convertiremos en evangelistas. Por medio de nuestra vida de adoración llevamos las Buenas Nuevas a la gente que nos rodea.

Es una perspectiva de evangelismo que muchos de nosotros hemos olvidado, en los sistemas y las teologías evangélicas que se han desarrollado a través de los años.

David creía que Dios atraería a los no creyentes, a través de una experiencia auténtica de adoración. *Puso en mis labios un cántico nuevo, un himno de alabanza a nuestro Dios. Al ver esto, muchos tuvieron miedo y pusieron su confianza en el Señor* (Salmo 40:3).

La alabanza es la meta del evangelismo, no es un juego de números. El evangelismo es el poder de los adoradores que se multiplica y explota con la alabanza a Dios.

En Juan 4:23, Jesús dice que el Padre está buscando adoradores. Eso es lo que Él espera de su creación. D. Martin Lloyd Jones escribe que "el objeto supremo del evangelismo es darle la Gloria a Dios, no salvar almas" (D. Martin Lloyd Jones. 1949. *The Presentation of the Gospel*. London. InterVarsity Press. pp. 6-7). Toda la creación fue creada para darle gloria y alabanza a Dios.

La adoración impulsa nuestro testimonio. Alguien dijo que la adoración es la transmisión entre el poder del Espíritu Santo, las ruedas de acción y la proclamación. Aunque el testimonio es una de las tareas centrales de la iglesia, es la adoración la que impulsa el testimonio, y no lo contrario. Gerritt Gustafson dice: "Si Dios mismo se convierte en nuestra meta, por encima del evangelismo, entonces nosotros mismos nos convertiremos en mejores evangelistas" (Gerritt Gustafson. "Worship Evangelism." *Charisma and Christian Life*. 1991, octubre: 49).

En cierta ocasión, estuve ministrando en la región central de California por 8 días aproximadamente. Dios se había hecho presente y había obrado de maneras sorprendentes. Pero yo estaba cansadísimo. Estaba ansioso por tomar el vuelo de 5 horas de San José, California hasta Toronto. Me subí al avión y me acomodé para leer un buen libro. Miré alrededor. Y dije: "¡Sí!, el avión es medio vacío y tengo la oportunidad de leer".

Justo antes de que las puertas del avión se cerraran, un señor entró de prisa. Había muchos asientos disponibles. ¿Qué tan probable era que él se sentara junto a mí?

¡Muy, muy probable!

Apenas se sentó me empezó a conversar. Normalmente, me gustan las conversaciones fortuitas que tengo en mis viajes en avión. Pero acababa de terminar ocho días de 17 horas de interacción constante con la gente. Cuando me hablaba le contestaba con monosílabos, esperando a que él entendiera que quería estar a solas. Pero no lo entendía.

Me metí de cabeza en el libro. Y aun así, no lo entendía. Haciendo caso omiso a mis intentos para ignorarlo, siguió hablándome y haciéndome preguntas.

Sabía que eventualmente llegaría a la pregunta que normalmente pone fin a casi todas las conversaciones, "y usted, ¿a qué se dedica?"

Hay muchas maneras de responder a esa pregunta. En días en los que deseo abrir las puertas a más conversación, respondo algo como: "Soy músico" (A la gente le gusta pensar que están sentados junto a alguien famoso). Si quiero sentirme más profesional y entablar una conversación de negocios, respondo algo como: "Soy consultor y trabajo con organizaciones que se especializan en inversiones de vida a largo plazo" (Podría ser cualquier conferencista motivacional, pero el hecho de que estoy en un avión con mi computadora portátil, un *tablet* y un celular inteligente, le da crédito a mi habilidad). Si deseo ser alguien interesante, digo: "Trabajo como conferencista motivador de jóvenes, los animo a tomar las mejores decisiones para sus vidas". (Mis canas los confunden al principio, pero después les parece fuera de serie que un tipo tan viejo todavía pueda relacionarse con los jóvenes.). Si quiero impresionarlos con el tamaño y la calidad de la empresa en la que trabajo, podría decir: "Nuestro presidente es un buen tipo que literalmente daría su vida por su gente; y tenemos un excelente plan de jubilación" (¿A quién no le gustaría entablar en conversación con alguien que tenga el deseo de avanzar profesionalmente?).

Y así, la conversación continúa.

Pero en este viaje, decidí contestarle con una respuesta directa. No le tomó mucho tiempo para formular la siguiente pregunta. Le respondí: "Soy pastor y trabajo con iglesias y grupos cristianos en el área de la adoración".

"Ahí está," eso pensé, "eso lo mantendrá callado para que pueda continuar leyendo mi libro".

Pero esto, de ninguna manera, lo hizo disuadir. Continuó con la conversación de manera interesada. "Yo no soy cristiano", me dijo, "de hecho, nunca he asistido a una iglesia, excepto cuando mis padres me bautizaron en la iglesia Católica cuando era bebe. Mi esposa y yo nos casamos en un juzgado de paz. Pero soy una buena persona".

Y tenía cómo probarlo. Siguió explicándome que había estado casado con su mujer por 30 años y que nunca le había sido infiel. Habían criado a una hija que nunca había sido rebelde. Eran generosos con causas benéficas. Les gustaba reciclar y les gustaba lo orgánico.

"Ahora, cuéntame", me dijo, determinado a que esta conversación funcionara, "¿de qué trata tu religión?".

Empecé explicando que prefería ver mis creencias como el desarrollo de una relación con Cristo, el que ama mi alma, y no como una religión.

"Pero tu religión tiene mucho que ver con el pecado, obedecer reglas y todas esas cosas, ¿verdad?". Es muy obvio. Nosotros los cristianos hemos dado la impresión que nuestro sistema de creencias se destaca por el número de cosas a las que nos negamos.

Así que le expliqué: que así como él, yo había estado casado con mi mujer por muchos años. Porque estoy interesado en hacer que esa relación sea lo mejor posible, intento frenar los hábitos que son molestos para mi esposa. "No trato de cambiar mis hábitos porque mi mujer me dejaría si no lo hago". "Los cambio porque la amo. De la misma manera, porque deseo desarrollar una relación de amor con Jesús, cuando hago cosas que le desagradan, Él me deja saber que no son buenas para nuestra relación y yo *quiero* cambiar porque lo amo".

Continué diciendo, de hecho, "si solo se tratara de seguir reglas, en la Biblia, los fariseos eran los mejores para mantener las reglas y la religiosidad. Y aun así, Jesús les dijo, *Ustedes han oído que se dijo: 'No cometas adulterio.' Pero yo les digo que cualquiera que mira a una mujer y la codicia ya ha cometido adulterio con ella en el corazón* (Mateo 5:27-28).

Los ojos de ese hombre se abrieron del tamaño de un plato, y exclamó, "¡Oh, caspita! ¡Supongo que no soy tan bueno como pensaba!"

Por el resto del vuelo hablamos sobre la vida con Jesús, la conexión entre los judíos y los cristianos, cómo encajan los musulmanes en la historia, y mucho más. Al final del vuelo, me dijo que en realidad nunca había leído la Biblia. Su mujer tenía cáncer y él quería encontrar una Biblia en los cuartos de hotel en los que se quedaba, pero siempre parecía que no había ninguna. Le prometí que le mandaría una Biblia.

Le mandé una Biblia y me mantuve en contacto con él por un año hasta que su dirección de correo electrónico cambió y perdí el contacto con él. No sé si alguna vez aceptó a Cristo como su Salvador, pero estoy convencido de que Dios continúa persiguiéndolo, y amándolo y abriéndole Su palabra mientras la lee, aprendiendo a conocerlo de una mejor manera hasta que un día, "él", también le llame Señor.

Necesitamos hacer un chequeo rápido: ¿Es Dios nuestra meta? ¿Es la esencia de nuestras vidas y nuestro estilo de vida el diseño destinado a ser, como nos anima Pablo, para que conozcamos a Cristo de una mejor manera?

Joseph Carroll, en su libro, *Como adorar a Cristo Jesús*, habla de la pasión del apóstol Pablo, citando Filipenses 3:8-10. "Cristo era su meta. Para ganar a Cristo, conocer a Cristo, amar a Cristo, de tener intimidad con Cristo, esto era lo que guiaba su pasión". (Joseph Caroll, *Como adorar a Cristo Jesús*, Chicago, 2003 Desarrollo Cristiano Internacional, pp. 24-25).

Carroll continúa describiendo cómo es el evangelismo sin esta pasión reinante, esta adoración a Jesucristo:

> ¿Has notado alguna vez que en las epístolas paulinas, Pablo nunca presiona a los cristianos a ser testigos ni tampoco dice nada sobre las misiones mundiales? ¡Nada! ¡Qué interesante! Si constantemente les tienes que recordar a las personas que deben dar su testimonio, algo anda mal con ellos. Si siempre tienes que estar intentando animar a la gente a que se interesen en las misiones mundiales, algo está mal en las personas. ¿Qué es lo que siempre hace Pablo? Te lleva a Cristo y te deja con Cristo. Cuando Cristo es el punto central en el corazón de una persona, ¿qué es lo que desea hacer esta persona? Contarles a otros sobre Jesús, y lo hará de una forma eficaz. Deja que Jesucristo sea la parte central en el corazón de una persona, y esta estará agobiada y preocupada porque millones de personas no han escuchado acerca de Cristo. Esto la va a perturbar y la llevará a actuar. Lo que las personas necesitan no es otra exhortación, ellos necesitan a Cristo.

Debemos llegar a un acuerdo con esta verdad: aunque el evangelismo sea una de las tareas centrales de la iglesia, es la adoración que impulsa al evangelismo, y no viceversa.

En el capítulo anterior vimos brevemente el pasaje en Éxodo 33:14-17. Moisés responde a la decisión que Dios toma de abandonar a su pueblo, de no ir con ellos y de dejarlos ir con un ángel para que los guiara. Moisés dice: *Si no vienes con nosotros, ¿cómo vamos a saber, tu pueblo y yo, que contamos con tu favor? ¿En qué seríamos diferentes de los demás pueblos de la tierra* (excepto por tu presencia)?" (Éxodo 33:16).

La presencia de Dios en nuestras vidas nos diferencia de nuestros vecinos no creyentes. Esto no ocurre por nuestro *propio* esfuerzo, sino porque la presencia de Dios que está en nosotros, por medio de su Espíritu Santo, nos hace diferentes. Nuestro deseo de adorar a Dios nos ayuda a tomar las decisiones correctas para vivir vidas santas. Al cultivar oídos sensibles a la voz suave del Espíritu Santo, nos tomamos el tiempo para ayudar al vecino. Cuando empezamos a ver a Jesús en los hermanos más pequeños, invitamos a un vagabundo a comer o le damos nuestro segundo abrigo al que no tiene. Como aquellos que aman a Dios, hacemos cosas que son muy extrañas para nuestro mundo.

Cuando era pastor en la iglesia de Betel en Williams Lake, en la provincia de British Columbia, Canadá, tuvimos la oportunidad de ver cuando nuestros visitantes entregaban su vida a Cristo. Una mujer, "Elisabeth", entró al templo involuntariamente un domingo por la mañana. Ella y sus dos hijos estaban en el parque y se dirigían de regreso a casa cuando escucharon los cantos de alabanza que venían del templo.

Se sintió atraída y solo tenía la intención de observar lo que estaba pasando desde la puerta. Cuando ella menos se lo imaginó, se encontró a sí misma entrando al templo, caminando hacia el pasillo central y sentándose en la primera fila con sus dos niños. Durante el tiempo restante de la adoración y la alabanza, ella miró alrededor y vio a la congregación alabando a Dios, levantando sus manos, danzando, postrándose en reverencia o en arrepentimiento.

Alex, el pastor principal, predicó un excelente mensaje y al final añadió, "Si nos visitas el día de hoy y has estado experimentando el amor en este lugar, debes saber que es el amor de Jesús. Y si deseas tener ese amor en tu vida, te pido que vengas al frente al finalizar el servicio y nos gustaría orar por ti para que puedas recibirlo".

Elisabeth pasó al frente y aceptó a Jesús como su Salvador personal.

En su bautizo, a finales de ese mes, el pastor le preguntó qué parte de su mensaje la había convencido a aceptar a Jesús. Ella respondió: "Oh, no recuerdo nada de lo que dijo, excepto al final cuando dijo que el amor en este lugar era el amor de Jesús. ¡Inmediatamente todo tuvo sentido! ¡Eso fue lo que me acercó! Eso fue lo que observé en los rostros de las personas, pero no sabía lo que era hasta que usted lo dijo. Y yo realmente lo quería para mi vida".

En los meses siguientes, Elisabeth llevó a sus amigos a la iglesia. Su invitación era algo simple. No les dijo: "Vengan a la iglesia porque tienen un grupo de alabanza estupendo", o "Vengan a esta iglesia porque tienen un buen predicador" o "Vengan a esta iglesia porque tiene un excelente programa para niños" o todo lo que se puede decir con respecto a la iglesia. Ella los invitó a un lugar en el que podían sentir el amor de Jesús. Muchos de ellos fueron a la iglesia. Y muchos de ellos sintieron el amor de Jesús y también se convirtieron en Sus adoradores.

¡Qué mejor testimonio de adoración que este, el cual evidencia la presencia de Cristo en nuestras vidas! ¿Cuánto más podría hacer nuestra alabanza a Dios por medio de nuestras vidas, y nuestro estilo de vida para tener impacto en nuestros vecinos, nuestras comunidades, nuestras ciudades y nuestro mundo?

Cuando la adoración a Dios impacta la manera en que vivimos, impacta nuestras conversaciones, nuestros hábitos de gastar dinero, nuestros empleos, el mundo empieza a darse cuenta.

Pedro lo resume en una simple declaración: *Mantengan entre los incrédulos una conducta tan ejemplar que, aunque los acusen de hacer el mal, ellos observen las buenas obras de ustedes y glorifiquen a Dios en el día de la salvación* (1 Pedro 2:12).

A continuación les presento algunas reflexiones y algunas cosas que me han ayudado para que mi adoración sea un buen testimonio:

1. *Intente y asegúrese que su adoración no solo se limite al canto, sino que se extienda al pensamiento y a todas las actividades del día.* En lo personal intento buscar la "huella dactilar" de Dios en los eventos cotidianos.

Muchas veces me sorprendo de lo que veo cuando me tomo el tiempo para observar.

2. *Si usted es un líder de alabanza en el servicio de los domingos por la mañana, pídale al Espíritu Santo que le ayude a escoger canciones que proclamen con claridad quién es Cristo para los que no lo conocen.* La mayoría de la gente que viene al servicio de adoración, es gente que está buscando algún tipo de conexión espiritual. Las canciones que ayudan a conectar a la congregación con el objeto de su adoración, también pueden demostrar a los buscadores esa conexión.
3. *Intente ver cada oportunidad que se le presente, como una oportunidad para responderle a la gente de una forma que abra puertas para que el Espíritu Santo tenga un impacto en ellos.* Muchas personas nos están observando, hasta las que no conocemos. Mi esposa, Gayle, en su adolescencia, era consejera en un campamento. Ella era joven, indiferente y muy despreocupada con respecto a las reglas y regulaciones. Pero ella se apasionaba cuando les contaba a los camperos que podían tener una relación con Jesús. Años más tarde, una joven alrededor de los 20 años de edad, llegó a nuestra casa, le confesó a ella que fue su pasión y su amor por Dios lo que la impactó ese verano. Nadie sabe el efecto que puede tener nuestra respuesta a las interrupciones y a los trastornos en la gente que nos observa.
4. *Trate de alabar con libertad y ser abierto en su relación con Jesús, reconociendo que la gente está más interesada en establecer una relación que en tener una religión.* Describir su vida en Cristo como una serie de cosas que Él no aprueba o no quiere que haga, es como un esposo que le dice que ama mucho a su esposa, pero que siempre se queja de ella. ¿Ama usted a Jesús? Entonces, actúe correspondientemente. Anime a otros con palabras y con acciones que reflejen su amor por Jesús.
5. *Debe estar disponible para Dios, de manera que Él le pueda usar para impactar a otros.* Aunque me gusta mucho leer cuando viajo en avión, siempre trato de estar

disponible para compartir con ese compañero de viaje que desea hablar. Nadie sabe cuáles son las semillas que Dios plantará a través suyo porque tomó la decisión de adorarlo por medio del testimonio de Su fidelidad.

La actitud de ustedes debe ser como la de Cristo Jesús,
quien, siendo por naturaleza Dios,
no consideró el ser igual a Dios como algo a qué aferrarse.
Por lo contrario, se rebajó voluntariamente,
tomando la naturaleza de siervo y haciéndose semejante a los seres humanos.
Y al manifestarse como hombre, se humilló a sí mismo y se hizo obediente hasta la muerte,
¡y muerte de cruz!
Filipenses 2:5-8

CAPÍTULO DIECISÉIS

EL CORAZÓN DE UN ADORADOR

Aceptando y acogiendo el quebrantamiento y la humildad

He tenido el placer de servir a la Misión Juvenil Internacional (MJI – ahora conocido como MB Misión equipo de ACCIÓN) por más que trece años. La MJI es un programa de misiones y discipulado para jóvenes universitarios y profesionales, en Canadá y los Estados Unidos. Durante estos años he conocido a miles de jóvenes. Y cada encuentro es único.

Uno de los momentos espirituales más conmovedores que tuvimos mientras nos preparamos para servir a Dios en un corto viaje de misiones es cuando nos lavamos los pies los unos a los otros. Una noche hace unos 2000 años, Jesús envolvió una toalla alrededor de su cintura, se arrodilló ante sus discípulos y les lavó sus polvorientos pies. Es difícil en nuestra cultura entender el significado de este acto. Mientras que la mayoría de nosotros, en Norte América, nos lavamos, nos ponemos talcos, nos perfumamos y mantenemos nuestros pies en una condición muy higiénica, la gente en los días de Jesús andaba con los pies sucios y polvorientos. La persona de menor rango en el hogar era la responsable de limpiarles los pies a los invitados. Por esta razón algunos de los discípulos se mostraron reacios a la idea de que su Señor y líder se humillara para servirles. Pero Jesús lo hizo para demostrarles el liderazgo del servir, un modelo que ellos también tenían que seguir.

Aunque en una época, el lavar los pies era una práctica común en la iglesia, en la iglesia moderna, rara vez nos humillamos de formas similares. Aunque nuestros pies sean más limpios que en los días de Jesús, es incómodo cuando otra persona te quita los calcetines, los zapatos y te lava los pies. ¡Hay algo dentro de mí que hubiese deseado saber de antemano lo que me iba suceder, y así, me hubiese lavado mis pies con anterioridad y hubiese echado talcos en mis zapatos malolientes! De hecho, la mayoría de gente con la que he hablado de esta práctica preferiría lavarle los pies a otra persona a que otra persona les lave los pies.

El lavamiento de pies es un acto de servicio humillante.

El lavamiento de pies es una invasión del espacio personal. Es incómodo y humillante, sin mencionar lo difícil que es organizarlo dentro del marco de la iglesia. Así que, decidimos no hacerlo.

Pero Jesús lo hizo con sus discípulos.

Pero decimos, para Jesús tenía un significado práctico porque las personas en aquel entonces caminaban por caminos polvorientos y calzaban sandalias en sus pies. Sus pies se ensuciaban, así que, lavarlos era algo muy lógico. No es lo mismo para nosotros en la actualidad. Hoy en día, "decimos", que cada semana la gente se ducha y se baña varias veces. El ambiente en el que vivimos y trabajamos es limpio, así que, el lavamiento de pies no tiene ningún propósito práctico para nosotros hoy en día. Tenemos calles pavimentadas, viajamos en vehículos limpios y llegamos a las casas de nuestros amigos sin necesidad de limpiar nuestros cuerpos de la mugre y del polvo como lo hacían en la época de Jesús.

El lavarnos los pies los unos a los otros solo simboliza la actitud de servicio hacia nuestro hermano creyente. Hoy, podemos servirnos el uno al otro de maneras mas prácticas, maneras que son tan relevantes a nuestras normas sociales como el lavamiento de pies lo era a las normas sociales en la época de Jesús. Hoy nos "lavamos los pies" el uno al otro al hacer otros tipos de actos de servicio mutuo, como cuidarle la casa y el jardín a un amigo mientras está de vacaciones, llevarle comida al recluso o al enfermo, o cuidarle los niños a un amigo sin cobrarle nada.

Comprendo cada argumento. Todas estas cosas son maneras maravillosas de cuidarnos los unos a los otros y que provienen del amor a Cristo. Y deberíamos estar haciendo estas cosas el uno por el otro.

También me doy cuenta que el lavamiento de pies en los días de Jesús era una tarea común y necesaria. Pero no era una tarea que todos hacían. Incluso en los tiempos de Jesús era una tarea humillante que se reservaba únicamente para los sirvientes de más bajo rango. Era una tarea que ningún sirviente aspiraba hacer. Hasta para los sirvientes esto era visto como algo degradante, humillante, y repulsivo (en realidad, "sirviente" suena mucho más humano que "esclavo", el uso mas común en aquellos días). Y esa es precisamente la razón por la que Pedro tuvo tanta dificultad con eso, ¡un maestro no debía lavarle los pies a sus discípulos! Sin embargo, ¡Jesús lo hizo (Juan 13:4-17)!

Esta realidad nos lleva a la pregunta: "¿Qué estamos haciendo hoy para ayudar de una manera práctica a nuestros hermanos creyentes, supliendo sus necesidades, mientras que al mismo tiempo, nuestra sociedad lo ve como algo degradante, humillante, o tal vez desdeñoso?"

Creo que hay muchas formas en las que somos humillados en el mundo en que vivimos cuando expresamos abiertamente nuestra fe. Nuestra sociedad hace alarde de tolerancia, mesura y corrección política. La mayoría de gente ve mi expresión de fe a

UN SOLO Dios y UN SOLO Señor como algo ilusorio. La gente en nuestra sociedad, si por casualidad cree en un Dios (y hay muchos que no), piensa que hay muchas formas de llegar al cielo.

Tal vez no se trate de lavarle los pies a la gente en sentido literal. Tal vez sea el ser fieles y el estar comprometidos a caminar con la gente sin importar que su vida sea un caos. Tal vez sea el negarnos a decir "lo sabía", "te lo dije."

Creo que un cristiano que ayuda y ministra a los pobres, a los presos, a los miembros de la comunidad gay, a los enfermos de SIDA (leprosos de hoy en día), a los enfermos mentales, etc., sería el equivalente más cercano al desprecio sociocultural que tenía el lavar los pies en la época de Jesús. La mayoría de cristianos se sienten obligados a "hacer algo con, o mejor, para los pobres, los presos, etc. Pero la mayoría trata de hacerlo sin comprometerse mucho, y eso, si es que hacen algo. Por ejemplo, el dar dinero a los ministerios que HACEN el trabajo en vez de ellos involucrarse personalmente. Muy pocos quieren "ensuciarse" conociendo a la gente, cuidándola o invitándola a sus casas a comer o a pasar la noche.

Pedro sabía que lavar los pies era lo correcto. Pero que alguien más lo hiciera, ¡no él! ¡Y especialmente NO el maestro!

Yo no sé pero esto me parece ser la correlación más cercana al estigma social de lavar los pies en los días de Jesús y del acto del "lavado de pies mutuo" en nuestra sociedad.

Aún estoy buscándole una respuesta. Pero tal vez no sea más que arrodillarnos y lavar los pies de nuestro amigo.

Conozco muchos amigos cristianos que luchan con problemas en sus vidas: matrimonios que son un infierno, depresión que no los deja dormir y que tampoco los deja trabajar, secretos de sus relaciones anteriores que no los dejan disfrutar con plenitud sus relaciones actuales. También conozco varios que se niegan a compartir y a hablar de sus problemas con otros porque tienen temor a ser rechazados

Los verdaderos adoradores aceptan y acogen su propio quebrantamiento.

Cuando extendemos los brazos para agarrar al que está cayendo, estamos expresando el amor de Dios. Aunque muchas veces puedo ver que las decisiones que mi hermano o mi hermana toman o las relaciones en las que están terminarán destruyéndolos. Intento decir algo con frecuencia, pero mis palabras son rechazadas.

Pero cuando ellos caen, necesito estar allí, en su quebrantamiento.

En un servicio de oración, el pastor llamó a las personas para que escucharan a Dios y fuesen con la persona que Él les indicara. Esto parecía un poco confuso e incierto, y francamente, un poco raro. Gayle estaba conmigo, y ella pensó que era aún más raro de lo que yo pensaba, porque Gayle es mucho más desconfiada cuando las cosas no están en un orden que tiene sentido para ella. Pero Dios la llamó a sentarse al lado de un joven, simplemente a llorar con él.

Rara vez he visto a Gayle llorar. Ella se crió en una familia Menonita estoica y aún mantiene esa tradición con obstinación. Pero, por la gracia de Dios, ella fue con el joven muchacho, se sentó junto a él, y comenzó a llorar intensamente.

Eso fue todo.

Simplemente, lloró con él. Cuando se levantó, sintió que la obra de Dios se había realizado. Mientras lloraban, el Espíritu de Dios le permitió a este joven abrir su corazón y soltar muchas heridas que estaban matando su espíritu.

Un domingo por la mañana estaba de pie frente a la congregación... luchando con el espíritu. Sentí el anhelo de Dios y el amor por su pueblo. Ya tenía un sermón preparado pero Dios quería que diera un mensaje diferente ese día. Me rehusé... hasta que sentí las dolorosas lágrimas por los que, como yo, rechazan *sus palabras* por las de ellos mismos. Cerré mi Biblia, puse mis apuntes a un lado, vi los ojos de la gente y por 15 minutos con lágrimas en mis ojos, di el mensaje de Dios. Después me senté, apenado, humillado, destrozado.

Algunas veces, la adoración, es consumida por la humildad de un corazón quebrantado. Sin un encuentro doloroso, sin un espíritu quebrantado, no podemos comprender en su totalidad el amor extraordinario que Dios tiene por y para nosotros.

No estamos en este mundo por la posición, por la riqueza o por el poder. Estamos aquí para darnos a Dios, para darnos el uno por el otro en humildad y en quebrantamiento, mientras nos servimos los unos a los otros. Con esta actitud nos embarcamos en el viaje que el Señor ha preparado para nosotros, acogiendo el corazón de Jesús que no *vino para que le sirvan, sino para servir y para dar su vida en rescate por muchos* (Marcos 10:45).

La vida de Jesús fue un ejemplo de humildad y de servicio. En muchas de sus cartas, el apóstol Pablo nos recuerda la humildad y el quebrantamiento de Cristo, instando a la iglesia a morir a sí misma (Gálatas 2:19-20; Filipenses 3:9-14; Romanos 6:5-14); a preferir a otros (Filipenses 2:1-5); a perdonarse los unos a los otros (Colosenses 3:12-15); a servir con humildad, los unos a los otros (1 de Pedro 5:5-7; Romanos 15:5-7).

Cuando adoramos a Jesús con nuestras vidas, moviéndonos por encima de nuestro orgullo para dar a los demás, permitiéndonos a nosotros mismos experimentar Su humillación y Su quebrantamiento, le damos un vistazo a una vida, que en todo aspecto, fue totalmente sacrificada por nosotros. Vemos la importancia de percibirnos a nosotros mismos a la luz de su sacrificio y una vez más, se logra la perspectiva. Sin Él nada somos. Con Él, ¡*Él* es todo!

Pablo nos anima a los Filipenses, y a nosotros, a tomar los atributos de Cristo quien:

> *Aunque era Dios, no consideró que el ser igual a Dios fuera algo a lo cual aferrarse. En cambio, renunció a sus privilegios divinos; adoptó la humilde posición de un esclavo y nació como un ser humano. Cuando apareció en forma de hombre, se humilló a sí mismo en obediencia a Dios y murió en una cruz como morían los criminales* (Filipenses 2:6-8 – NTV).

El servicio desinteresado no siempre se ve entre los líderes. De alguna manera, con el liderazgo viene la posición, el poder y el privilegio. Es raro que un líder cristiano entre a un ministerio en busca de poder y de prestigio. La mayoría son genuinamente llamados al servicio de Dios y desean servir a Dios, a la iglesia, y a la comunidad que los rodea, con todo su corazón. Pero Satanás trata de arruinar todo. Nos convence que nuestro llamado, nuestra habilidad para enseñar, la oración, y nuestro liderazgo merece honra. A la larga, si el líder no mantiene un contacto cercano con Dios y una buena comunión con los hombres y con las mujeres de fe, su sentido de lo santo y de lo puro se opaca por el brillo de los elogios terrenales.

Lo vemos todo el tiempo.

Gracias a Dios, este no siempre es el caso. Tengo un amigo

llamado Steve Lightle, un judío mesiánico que Dios ha utilizado de gran manera en Norte América, Europa y Asia. Él ayuda a preparar el camino para que los judíos que en Rusia (y en otros lugares) regresen a Israel.

Nunca olvidaré el día que me encontraba sentado con un grupo pequeño de líderes y de participantes, hablando alrededor de una mesa, después de almorzar. Después de un rato, alguien preguntó, "¿dónde está Steve?". Lo encontramos en la cocina, lavando platos y charlando con los cocineros.

El ejemplo de Steve me impactó fuertemente. Allí estaba. Un hombre que ha visto ángeles y demonios, que ha visto a Dios resucitar muertos, que ha vivido una vida en el Espíritu que muchos soñarían tener; un hombre que ha predicado en algunas de las iglesias más grandes del mundo y ha estado delante de los gobernantes de varios países, llevando un mensaje fuerte de parte del Señor… y aquí estaba ¡lavando platos!

En mis viajes, he tratado de modelar ese tipo de servicio en mi liderazgo. Buscando maneras de ayudar a los demás sin importar que tan poco importante parezca ser la tarea. ¿Sabes lo que he encontrado? ¡Cuando usted sirve tiene las mejores conversaciones con las personas y especialmente cuando sirve con ellos en la cocina! Verá que las personas ponen mas atención a sus comentarios cuando usted está dispuesto a caminar la milla extra en sus zapatos. Y además, ¡es muy agradable!

Jesús les dijo a los discípulos:

> *Pues si yo, el Señor y el Maestro, les he lavado los pies, también ustedes deben lavarse los pies los unos a los otros. Les he puesto el ejemplo, para que hagan lo mismo que yo he hecho con ustedes. Ciertamente les aseguro que ningún siervo es más que su amo, y ningún mensajero es más que el que lo envió. ¿Entienden esto? Dichosos serán si lo ponen en práctica* (Juan 13:14-17).

Le pido a Dios que usted pueda experimentar el don de la humildad, viendo a Dios en los creyentes que le sirven. Conéctese con la humildad y con el quebrantamiento de Jesús. Algunos consejos en este aspecto:

1. Como líder, siempre debe buscar oportunidades de servicio en su tiempo libre. Intento preguntarme a mi mismo: "¿Cómo puedo mejorarle el día a alguien más, porque les he ayudado a llevar su carga por un tiempo?". Creo que la gente desea seguir a una persona que no se ve a sí misma por encima de los demás o demasiado importante para ayudarles con los trabajos pequeños. La verdadera libertad es la libertad de poder hacer todas las cosas en Cristo. Puedo hablar delante de una multitud de personas, pero también puedo lavar los platos en una cocina pequeña.
2. Periódicamente, pídele a Dios que examine tu corazón para ver si existe orgullo o algún deseo de poder, o posición, que te esté privando de ser un humilde líder–siervo. Considero que es una buena práctica, porque esto permite que el Espíritu Santo me humille y me instruya en mejores formas de liderazgo. También he encontrado que Dios, cuando le pedimos, provee situaciones abundantes para mantenernos en humildad.

Uno de los fariseos invitó a Jesús a comer,
así que fue a la casa del fariseo y se sentó a la mesa.
Ahora bien, vivía en aquel pueblo una mujer
que tenía fama de pecadora.
Cuando ella se enteró de que Jesús estaba comiendo en casa del fariseo, se presentó con un frasco de alabastro lleno de perfume.
Llorando, se arrojó a los pies de Jesús,
de manera que se los bañaba en lágrimas.
Luego se los secó con los cabellos; también se los besaba y se los ungía con el perfume.
Al ver esto, el fariseo que lo había invitado dijo para sí: "Si este hombre fuera profeta, sabría quién es la que lo está tocando, y qué clase de mujer es: una pecadora".
Lucas 7:36-39

CAPÍTULO DIECISIETE

LA ADORACIÓN SIN MEDIDA

...que proviene de un corazón agradecido

Mientras esta mujer vertía un perfume costoso sobre los pies de Jesús, los discípulos estaban a las afueras del círculo pensando "Oye, si esta mujer nos hubiese donado ese perfume, lo hubiéramos podido usar para pagar algunos de los gastos que hemos acumulado desde que estamos con Jesús" (Mateo 26:8-9).

Su acto fue un acto de adoración sin medida.

Desde 1987 he tratado de descubrir todo lo posible con relación a vivir una vida de adoración. He buscado muchas maneras de extender la experiencia de adoración, que tengo los domingos por la mañana, a mi vida diaria. Quiero vivir, no solo como adorador, sino como adorador sin límites, de manera desmesurada.

He asistido a conferencias, seminarios, y talleres que me han dado la oportunidad de sentir y de experimentar diferentes maneras de expresar mi adoración. He buscado y encontrado cantos poderosos, cantos ungidos escritos por músicos muy talentosos, que me han llevado hacia mi meta de extender la adoración sin medida a Jesús, en público y en privado. He descubierto principios para la vida cotidiana que han abierto mi corazón para adorarlo dentro de la simplicidad de los acontecimientos de cada día. He leído valiosos libros y recursos que me han ayudado a ampliar mis perspectivas con relación a quién es Dios y quién soy yo delante de Él. Y aun así, la adoración sin medida no se encuentra en ninguna de estas cosas.

Acumular conocimientos y experiencias es parte de nuestra humanidad. Buscamos el entendimiento y la opinión de los expertos. Pero no existe un programa o evento que garantice hacer que un corazón sea extravagante y receptivo. No existe una canción particularmente ungida o un músico talentoso que pueda llevar nuestros corazones a un cambio de dirección y devoción en lo cotidiano. No hay un programa de entrenamiento o una conferencia que pueda detener nuestras vidas e instarnos a vivir como una ofrenda desmesurada para Jesús.

¿Deberíamos dejar de asistir a estos eventos? Claro que no. Pero mientras buscamos a Dios y buscamos maneras de conocerlo mejor, tenemos que enfrentarnos cara a cara con la realidad, que aunque todas estas cosas pueden ser útiles para sacar a la luz el hambre que se encuentra en lo profundo de nosotros, no existe un seminario o experiencia mágica que pueda cambiar nuestros corazones.

La adoración sin límite proviene de algo más simple, pero mucho más complejo.

La mujer que vino a Jesús, cuando él estaba comiendo en la casa de Simón el fariseo, no llegó como invitada. Estoy seguro que Simón estaba horrorizado por su presencia. El fariseo tenía cierta importancia en la comunidad, que no debía ser profanada por andar en malas compañías.

Cuando ella entró a la casa, lo arriesgó todo. No la habían invitado. Ni siquiera sabía si Jesús le daría la bienvenida o la rechazaría. Vino con un regalo que era muy preciado para ella. Un regalo que ella sentía que era digno para Jesús.

No sabemos exactamente quién era ella o por qué buscaba a Jesús. Lo que sí sabemos es que las personas que se encontraban en la cena sabían que ella era pecadora. Como mujer, no tenía ningún derecho de interrumpir una cena entre hombres. Como mujer pecadora, no tenía lugar en la casa de Simón. Lo que sabemos es que ella reconoció sus propios pecados y la capacidad que Jesús tenía para perdonarlos.

El contexto del pasaje nos indica que la gente que estaba con Jesús no estaba segura de que Él supiera que ella era una mujer "pecadora". Ellos suponían que, si Jesús hubiese sabido que ella era pecadora, la hubiese rechazado. Ella se paró detrás de Jesús, sus lágrimas caían libremente. Ella reconocía su propio pecado. Cuando Jesús se sentó a la mesa, ella derramó su perfume sobre Sus pies y los secó con su propio cabello.

La adoración sin medida no proviene de la experiencia o de la práctica, o del ritual. La adoración sin medida proviene de un corazón agradecido. Así como esta mujer, el adorador que adora desmesuradamente ha llegado cara a cara con el regalo que Jesús ha dado.

Solo cuando hemos recibido la gracia que no merecemos, podemos comprender que el increíble amor de Dios nos da vida cuando en realidad merecemos la muerte.

Solo cuando llegamos al final de nuestros propios recursos, y nos vemos frente a frente con nuestra propia ineptitud, estamos dispuestos a clamar a Dios para que nos saque de nuestro pecado.

Solo cuando hemos perdido la confianza en este mundo y en nosotros mismos, podemos ver a Cristo en su plenitud y permitirle que desarrolle nuestro potencial.

Solo cuando entendemos que no existe nada que podamos tener que sea digno del amor y la misericordia de Dios, entonces podemos comprender Su aprobación incondicional.

Simón no lo entendía. El entretener a Jesús tenía que ver más con poder, prestigio y obligación, y tal vez lo hizo también por curiosidad. Él le ofreció a Jesús la esencia de la hospitalidad sin la humildad que se debe tener. Simón creía estar al mismo nivel de Jesús, igual de recto y santo que Él. De muchas maneras,

Simón no se daba cuenta de lo que tenía delante de él. Veía a Jesús como a un hombre, no como el Salvador.

Simón era religioso. Entendía las leyes y los sistemas. Toda su vida le enseñaron que la santidad era reflejada por el tipo de compañía que el mantuviera. Así que, siempre estaba en buena compañía. Él estaba en contra de lo que Jesús hizo, al haber permitido que esa mujer lo tocara. La ley judía era muy, muy clara con relación a lo santo y al mantener la distancia con lo impuro.

Pero Jesús, así como era de astuto para hacer las cosas, lo volteó todo. Jesús sabía que Simón estaba confundido. Comprendía que Simón no se veía a sí mismo como pecador, después de todo, él era un fariseo, un líder y un hombre de Dios. La mujer sabía que era pecadora. Simón no tenía ni idea. Jesús le dijo a Simón, *…si ella ha amado mucho, es que sus muchos pecados le han sido perdonados. Pero a quien poco se le perdona, poco ama"* (Lucas 7:47).

Ella le dio un regalo sin medida a Jesús porque no tenía otra manera de expresar cuanto lo amaba. Parte del problema de darle a Jesús una ofrenda extravagante de adoración, es que a menudo olvidamos lo mucho que hemos sido perdonados. Los pecados de esta mujer eran evidentes para toda la comunidad. ¡Y ella lo sabía!

Crecí en un hogar cristiano. Comparativamente, soy una buena persona. ¡Nunca he fumado ni tengo un paladar dado al vino o la cerveza! Algunas veces, tengo la impresión que soy justo el tipo de persona que Jesús hubiese buscado, porque soy una persona que vive una vida bastante limpia.

¡Qué lejos está esto de ser verdad!

Comparado a la pureza de Jesús, los pequeños "debo hacer" y "no debo hacer" religiosos que he establecido, son lamentables. Algunas veces, soy tan patético, que empiezo a creer en mi propia santidad, ¡que Jesús en verdad no tendría que haber muerto por mí!

Y así, el amor que algunas veces le ofrezco a Jesús es un poco más grande que el amor que le demuestro a un amigo. Pero Jesús es Dios, Jesús es Señor. Cristo tuvo que morir, para que yo pudiera vivir. Es de suma importancia que yo comprenda cuanto lo necesito y cuanto lo necesitaré. Todas esas cosas que en mi vida he considerado buenas, no son más que trapos sucios en comparación a la pureza y a la santidad de Jesús (Isaías 64:6). No puedo estar delante de Dios sin tener el manto de misericordia y de perdón que Jesús me ofreció. Necesito desesperadamente del Salvador.

Aunque Jesús es mi íntimo amigo, él no es como yo. Él es grandioso en poder y en santidad. Mi amistad con Jesús es un regalo, un regalo de amor de parte de mi Salvador y Creador. Sí, es cierto: Jesús es un amigo, pero también es el Señor del Universo. La adoración sin medida viene cuando tengo una visión de las deudas de amor que impulsaron al Dios Creador a dejar el cielo y a vivir como humano, para que pudiese morir por mí. ¡La adoración extravagante ocurre cuando me doy cuenta que Jesús me ama tanto que anhela tener una relación conmigo! La adoración sin medida viene cuando entiendo que el amor de Jesús llevó mi pecado y lo cubrió con el sacrificio de Su propia sangre (sin mancha). Y no estaba obligado a hacerlo, pero lo hizo porque amaba a su creación y no podía soportar el dolor de ver a sus elegidos caminar en pecado y en oscuridad.

¿Cómo podría negarle mi amor al que se dio sin medida? ¿Qué puedo hacer, sino adorarle? ¿Dónde podría estar, sino en el lugar de devoción a mi Señor? ¿Qué es lo menos que puedo hacer sino entregar mi vida en servicio al que dio Su vida por mí?

En 1993, cuarenta líderes de equipo y personas de apoyo logístico se sentaron en círculo en el servicio de adoración para la orientación de la Misión Juvenil Internacional (MJI, ahora conocido como MB Misión equipo de ACCIÓN). Randy Friesen, director de MJI en ese entonces, me dijo que deseaba hablar esa noche con relación al tema: cómo desarrollar una intimidad con Jesús en nuestro diario caminar. Había seleccionado cantos que sentía que nos invitaban a estar en el lugar donde se despierta el deseo de tener intimidad con Jesús. El último canto antes de que Randy tuviera que empezar a hablar fue "Amor Verdadero" escrito por David Ruis, basado en el primer capítulo del libro de Cantares.

AMOR VERDADERO

Jesús, necesito conocer el amor verdadero,
más profundo que el amor que se encuentra en este mundo
Llévame a la alcoba del Rey, haz que mi amor madure

Déjame conocer los besos de Tu boca
Déjame sentir Tus abrazos
Déjame sentir la fragancia de Tus caricias
Déjame ver Tu precioso rostro
Llévame contigo, aún así, ven
Te amo, Señor, Te amo más que la vida
Te amo, Señor, Te amo más que la vida

Mi corazón, mi carne clama por Ti, Señor.
El amarte es todo lo que puedo hacer.
Te has convertido en mi único anhelo, haz que mi amor sea verdadero

Cuando terminamos el canto, seguí tocando suavemente la canción. Joe, uno de los líderes, cayó al suelo de rodillas y exclamó diciendo: "¡Qué alguien me ayude!" Nadie se movió. Y otra vez exclamó: "¡Qué alguien me ayude! No puedo cantar esta canción. Las palabras son demasiado íntimas. No las puedo decir, algo anda mal conmigo. Necesito que alguien ore por mí".

Algunos de los otros líderes y personas de apoyo se unieron alrededor de Joe y empezaron a orar por él, mientras lloraba amargamente en el suelo. Las otras personas que estaban en el salón empezaron a caer de rodillas una a una, clamando a Jesús en su presencia y mojando el suelo con sus lágrimas. A todos les pasaba algo, los que no estaban de cara en el suelo o estaban orando los unos por los otros estaban cantando con tanta intensidad y entrega los cantos de alabanza y de adoración que algo así no hubiera podido ser planeado.

Randy no habló esa noche, Jesús lo hizo. Y le respondimos. Dos horas y media después, terminamos con un canto glorioso de alabanza que nos hizo recordar la intimidad que Él desea tener con nosotros y su amor sin medida por nosotros. ¿Cómo le hubiésemos podido dar algo más pequeño?

La adoración sin medida solo puede suceder cuando comprendemos las profundidades de nuestra necesidad de Dios.

Cuando Jesús fue a visitar a María y Marta en su hogar (Lucas 10:38-42), María dejó sus quehaceres como ama de casa, y simplemente se sentó a los pies de Jesús, y estaba absorta con sus palabras. Marta estaba furiosa. Tenía un invitado y estaba haciendo lo que se esperaba de ella, sirviéndolo y atendiéndolo. A veces me pregunto, por qué María hizo lo que culturalmente era irresponsable, sentarse a los pies de Jesús, cuando su lugar, culturalmente hablando, era estar sirviendo. ¿Por qué ella estaba tan absorta con Jesús que tenía que estar en Su presencia, escuchando Sus palabras, aunque la sociedad y su hermana estuvieran con el ceño fruncido por este acto?

Encontré una referencia interesante en Juan 11:2: *María, cuyo hermano Lázaro estaba enfermo, fue la que ungió al Señor con perfume y le secó los pies con sus cabellos.* Y me pregunté, ¿Será posible que María fuera la mujer que llegó sin ser invitada, a la casa de Simón el fariseo ese día? Tal vez ella era la mujer que la comunidad conocía como "pecadora". Tal vez ella era la mujer que Jesús había perdonado.

No he podido encontrar muchos teólogos que estén de acuerdo con esta posibilidad, pocos han tratado de hacer esa conexión. Pero John Lightfoot escribe en su libro, *A Commentary on the New Testament: from the Talmud and Hebraic* [Un Comentario sobre el Nuevo Testamento: Del Talmud y el Hebreo], que el tiempo verbal que es usado para "ungió" en Juan 11:1-2, y el hecho que el pueblo de Betania se conoce como "el pueblo de María y su hermana Marta", y no como "el pueblo de Lázaro" (Juan 11:1) da una fuerte indicación de una relación previa con Jesús. Esto le da crédito al hecho que el "ungimiento" de los pies de Jesús se realizó en un momento en el pasado en vez de decirlo prolépticamente, en referencia a lo que estaba a punto de decir en Juan 12:3 (John Lightfoot. "Exercitations upon the Evangelist St. John." Publicación del Internet. *A Commentary on the New Testament from the Talmud and Hebraic*. Disponible el: 16 Oct. 2004. <http://www.preteristarchive.com/Books/1658_lightfoot_talmud-hebraica.html >).

Supongamos que así fue, y que ella era conocida en el pueblo como una mujer pecaminosa, pero de pronto fue perdonada de todos sus pecados y fue totalmente restaurada a los pies de Jesús. Entonces, ¡con razón ella tenía que estar a los pies de Jesús! ¡Se le había perdonado TANTO! ¿Cómo podía estar en otra parte sino a los pies del maestro? Había sido perdonada sin medida, y ¡en agradecimiento, su adoración fue sin medida!

He estado en muchos sitios dirigiendo alabanza y haciendo un esfuerzo para provocar el gozo y la celebración por lo que Dios ha hecho por nosotros. Algunos entran por completo. Muchos se unen al canto cortésmente.

Durante muchos años, he estado en situaciones donde, en respuesta al llamado de arrepentimiento, la gente pasa al frente a confesar sus pecados, a dejar sus cargas y a proclamar abiertamente su necesidad de Jesús.

Varías veces, después del tiempo de confesión y restauración, hemos terminado con un tiempo de celebración. ¡Siempre me sorprende la libertad con la que estas personas expresan su adoración y su alabanza a Dios! Gritan con júbilo, danzan desenfrenadamente y lloran abiertamente de verdadero regocijo. ¡No les tienes que decir: "denle a Dios la alabanza que se merece!" Se la dan libremente porque comprenden la magnitud de la libertad que Dios les ha dado. Su adoración no es para nada mínima, ¡es sin medida!

La profundidad de nuestra extravagancia en la adoración algunas veces es el reflejo del entendimiento del regalo que se nos ha dado libremente en Cristo Jesús. Cuando comprendemos lo mucho que Dios nos ha perdonado, adoramos sin medida.

A continuación, les comparto algunos pensamientos que he tenido y algunas cosas que hago, las cuales me ayudan a adorar sin medida:

1. *No llene su vida con actividades que solo sean demostraciones externas de una vida de adoración.* La adoración pública y la adoración conectada a la música le puede convertir en un "fan". Vamos de CD a CD, de concierto a concierto, de conferencia a conferencia, para recrear una experiencia, con la esperanza que encienda nuestro sentido de adoración. Alzar las manos, doblegar nuestros cuerpos, hasta postrarnos no nos hace adoradores. Corazones llenos de gratitud, alabando desde lo más profundo de su alma, eso es adoración. La

adoración sin medida no se trata de los métodos, los eventos, los productos, o las posturas, se trata de una relación de amor con el Amante de su alma. ¿Saben? Algunas veces veo matrimonios que están muertos o que están muriendo. Veo a hombres y mujeres viviendo en el mismo hogar, saliendo a cenar, entreteniendo a los amigos y criando a sus hijos. Pero hay poco gozo en la relación. Hay poca risa, poco amor. No hay una relación, no hay celebración. Hacer las cosas sin interés no nos hace adoradores.

2. *Pídale a Dios que le recuerde lo mucho que le ha perdonado.* Algunas veces, necesito que me recuerden lo mucho que he sido perdonado, especialmente cuando me siento súper espiritual o estoy siendo muy bendecido en el ministerio.. Si me olvido de donde vengo, podría perder el entendimiento de cómo llegué a estar en donde estoy, solo por la gracia, el amor, la misericordia, el perdón, y el favor inmerecido de Dios por medio de Jesucristo.
3. *Pídale a Dios que durante el día le recuerde su amor.* Al trabajar y tocar siempre deseo estar consciente de su amor por mí. Como viajo tanto, paso alrededor de 80-100 días al año fuera de casa. Echo de menos a mi mujer y a mi familia. Como sé que me aman, hago todo lo posible por no hacer nada que les cause daño o los defraude. Quiero que ese mismo deseo sea aún más fuerte en mí caminar con Jesús, que aunque no lo veo con mis ojos físicos, deseo vivir como una ofrenda para Él.
4. *Medite en Su palabra escrita y en Su carácter.* Invítelo a crear en usted esas características. Yo le pido a Jesús que continúe perfeccionando su imagen en mí, que seamos uno, así como, Él y el Padre son uno, la oración de Jesús en Juan 17:21-23:

...Padre, así como tú estás en mí y yo en ti, permite que ellos también estén en nosotros, para que el mundo crea que tú me has enviado. Yo les he dado la gloria que me diste, para que sean uno, así como nosotros somos uno: yo en ellos y tú en mí. Permite que alcancen la

> *perfección en la unidad, y así el mundo reconozca que tú me enviaste y que los has amado a ellos tal como me has amado a mí.*

Nuestra adoración extravagante comienza al conocer y comprender de mejor manera a nuestro Salvador y al amante de nuestras almas, a Cristo.

Empéñense en seguir el amor y ambicionen los dones espirituales, sobre todo el de profecía.
Porque el que habla en lenguas no habla a los demás sino a Dios.
En realidad, nadie le entiende lo que dice, pues habla misterios por el Espíritu.
En cambio, el que profetiza habla a los demás para edificarlos, animarlos y consolarlos.
1 Corintios 14:1-3

CAPÍTULO DIECIOCHO

ESTÍMULO PROFÉTICO

Nosotros a Él, Él a nosotros, y nosotros a los demás

No puedo entablar una discusión con respecto al tema de la adoración y los dones que Dios nos da sin haber establecido un enfoque muy claro. Dios te ha dado dones a través de su Espíritu, estos no son talentos o inclinaciones naturales, son regalos que provienen del Espíritu Santo y te son dados porque la iglesia los necesita.

Pero estos dones, cuando no están basados en el amor, pueden causar grandes estragos en la iglesia.

Concentrémonos en esta sección por un momento: *Empéñense en seguir el amor...*" (1 Corintios 14:1). Al usar tus dones sin amor estás limitando severamente su eficacia. Sin el amor, el talento se convierte en una competencia, una comparación y un conflicto. Nos olvidamos que nuestros dones nos han sido dados para la edificación de la iglesia, no para su destrucción. Nos enorgullecemos tontamente de un don. En primer lugar, es algo que ni siquiera nos pertenece. Es un regalo. Les damos a los dones una calificación y los enmarcamos dentro de una jerarquía de más importantes a menos importantes.

Es bastante simple. Al mismo tiempo que ha sido citado muchas veces y subutilizado, 1 Corintios 13 claramente ubica el lenguaje del amor en términos cotidianos:

> *El amor es paciente, es bondadoso. El amor no es envidioso ni jactancioso ni orgulloso. No se comporta con rudeza, no es egoísta, no se enoja fácilmente, no guarda rencor. El amor no se deleita en la maldad sino que se regocija con la verdad. Todo lo disculpa, todo lo cree, todo lo espera, todo lo soporta. El amor jamás se extingue, mientras que el don de profecía cesará, el de lenguas será silenciado y el de conocimiento desaparecerá (1 Corintios 13:4-8).*

Aunque tome la frase: "el amor es", esto me hace pensar en las muchas ocasiones en las que no he estado ni cerca de comportarme así. Pero el mundo sabrá que somos adoradores de Cristo porque ven que nos amamos los unos a los otros con un amor dinámico y diferente del amor que se ve en el mundo.

Me gusta la manera en que lo explica Pablo. Si yo tuviera el don de hablar con gran elocuencia y hablara sin amor, simplemente sería como un ruido fuerte e irritante. Si puedo hacer milagros, grandes milagros, como correr las montañas al mar, pero lo hago sin amor, no soy nada. Si soy un súper filántropo y heroicamente doy mi vida como mártir, pero lo hago sin amor, he malgastado mis esfuerzos (1 Corintios 13:1-3).

El amor es la pura esencia en la vida de un adorador. Sin amor, todos los dones espirituales pueden definirse falsamente como evidencia de logro, de pericia, de madurez o de autoridad espiritual. Sin amor, los dones que Dios da pueden destrozar a la iglesia en lugar de fortalecerla. Pablo entiende muy bien este principio. Como fariseo, estaba bien entrenado y disciplinado para cumplir la ley. Lo hacía muy bien. Ni una sola vez, hasta que se encontró cara a cara con Jesús en ese momento contundente en el camino a Damasco, había pensado en la gente que había disciplinado. Usaba la autoridad sin amor o sin misericordia. Él lo hacía, en última instancia, por el propio orgullo de su posición y de su propia habilidad para mantener la ley.

En 1 Corintios 12:14, Pablo expone un marco de entendimiento con relación a lo que son los dones espirituales. Muchas veces, cuando estudiamos las cartas de Pablo a los Corintios, sacamos de contexto lo que comúnmente se conoce como el capítulo del amor. Aunque el capítulo tenga excelentes consejos y directrices para los matrimonios y las relaciones interpersonales, el enfoque de la enseñanza es para la iglesia y para el uso de nuestros dones.

En el capítulo 14, Pablo destaca los dones de la profecía y el don de lenguas. El ora para que todos los cristianos practiquen estos dos dones. Después hace hincapié en la importancia del don de la profecía, no porque él crea que las lenguas sean menos deseables, sino porque las lenguas solo edifican, animan, y fortalecen al individuo (a no ser que se interpreten para el cuerpo de la iglesia). Él le da la prioridad a la profecía, porque edifica, anima, y fortalece al cuerpo *entero de la iglesia*.

Cuando leemos las cartas de Pablo, tenemos que comprender que todo su enfoque era el crecimiento de la iglesia. Era de primordial importancia para él enfocarse en los dones que contribuirían al crecimiento de la iglesia. El don de la profecía es dado para ayudar a otros a crecer en el Señor. La profecía los anima y los consuela (versículo 3). Entonces, la profecía, debe anhelarse junto con aquellos dones que fortalecen a la iglesia (versículo 12).

Previamente, en el capítulo ocho, hablé de la voz apacible del Espíritu Santo, la cual nos llama a la acción. Cada individuo que ha entregado su vida a Jesús y ha recibido Su Espíritu en la conversión, ha escuchado la voz del Espíritu en un momento u otro. Aunque Su voz no siempre se experimente de la misma manera todo el tiempo o de la misma forma con cada creyente, la mayoría de nosotros, en un momento u otro, hemos respondido en obediencia a Su incitación. Cuando obedecemos la incitación de Dios y cumplimos la acción, otra persona recibe ánimo, porque hemos estado dispuestos a obedecer.

Por ejemplo, mucha gente con la que he hablado me ha contado sobre las veces que se han despertado a media noche con el nombre de alguien en mente y con el presentimiento que tienen que orar por esa persona. Después, se han enterado de que la persona por la que oraron, necesitaba oración justo en ese momento. Dios ha usado su obediencia para orar en la hora de necesidad y en los momentos difíciles, para fortalecer, edificar, animar y ayudar a estas personas durante un periodo difícil o importante en sus vidas.

Otros me han dicho que han recibido una visita en persona, una llamada, una carta o un correo electrónico de un amigo creyente que simplemente "sintió" la necesidad de animarlos en ese preciso momento. El resultado ha sido que cada uno se siente animado, ¡el que ha dado y el que ha recibido! ¡Cada uno ha sido fortalecido! ¡Cada uno ha sido edificado en su caminar espiritual con el Señor!

Incluso otras personas ocasionalmente, al leer las Escrituras, han encontrado un versículo que les "salta a la vista", e inmediatamente han sabido que tienen que compartirlo con un amigo. Cuando lo han hecho, ha sido obvio que este versículo es un estímulo para el amigo.

Algunas veces, la persona con la incitación profética de Dios no tiene ni idea de lo que esto significa. En mis primeros años como pastor de jóvenes, Gayle estaba luchando con varias cosas. Un domingo por la mañana, una mujer que ella apenas conocía le dio tres referencias de la Escritura y le dijo que Dios le había dicho que se las diera. La mujer encogió los hombros y dijo, "No tengo idea qué significan, pero Dios sí lo sabe". Esos tres versículos cambiaron la vida de Gayle de forma dinámica. Cada versículo mostraba abiertamente un pecado que necesitaba ser confesado. A pesar de que ella estaba un poco inquieta por el hecho que Dios le había revelado a otra persona su pecado, sintió el amor incontenible de Dios. Él se interesó lo suficiente para ir en pos de ella aún cuando se había alejado. Y usó a una hermana en el Señor que tuvo la suficiente fe para obedecer. No hubo juicio, ni confrontación, solo un simple obsequio de unos versículos. Tal vez parezca poca cosa, pero fue un milagro.

El estímulo profético es simplemente un proceso para escuchar a Dios y un proceso para responder a otros con lo que Él nos pida. Ésa es la esencia de la adoración. Como parte de nuestro caminar en adoración, nos abrimos para que Dios nos use, como un sacrificio vivo y santo (Romanos 12:1). Le permitimos a Dios que interrumpa nuestra rutina diaria para los propósitos pueda tener, para usarnos para animar a otros.

El escuchar es parte del proceso de adoración; nosotros a Él, Él a nosotros, y nosotros a los demás. Escuchamos lo que Dios nos quiere decir y a través de nosotros a los demás. Mientras escuchamos y aprendemos a oír Su voz, comenzamos a darnos cuenta de lo que Él desea hacer y decir. Nos hace ser conscientes de lo que realmente son nuestras necesidades y las necesidades de los demás. Algunas veces, cuando escuchamos Su voz, nos damos cuenta de que Él nos llama a realizar un acto de servicio o un acto generoso para otra persona, o a hablar o animar a otro creyente, o a ser Su voz, Sus manos, y Sus pies en nuestra sociedad.

Enseño en varias escuelas de discipulado en Canadá y los Estados Unidos. Muy a menudo realizo un ejercicio de estímulo profético con los estudiantes. Divido a la clase en grupos de a dos. Después, hacemos unos 5 a 10 minutos de silencio para pedirle a Dios que nos use, que nos dé una palabra de aliento para nuestro compañero.

Algunas veces, me viene a la mente un versículo y la aplicación de cómo ese versículo le habla a quien sea mi compañero o cómo Dios lo ve. Otras veces, una imagen me viene a la mente con una interpretación que se relaciona con mi compañero: "Vi un barco con la vela completamente desplegada y creo que Dios está diciendo que te ve como un barco dispuesto, con tu ser completamente abierto, listo para seguir el viento de Su Espíritu e ir por donde Él te lleve".

Algunas veces, las palabras de una canción me vienen a la mente, o algunas frases cortas que Dios quiere que use para animar a los demás. Otras veces, nos acordamos que vimos a nuestro compañero realizar un acto de servicio que nos animó a nosotros y a otros.

Y otras veces, nada nos viene a la mente.

Después del tiempo de silencio, los compañeros se tornan uno hacia al otro y comparten lo que han sentido de parte de Dios.

A los que no sienten que Dios les haya dado algo para compartir, les sugiero que animen a su compañero con lo que ya saben de él/ella. "¡Me gusta tu sonrisa!" Algunas veces, cuando ellos empiezan a darle aliento a otra persona, aunque no hayan sentido que Dios les haya puesto algo especifico, Dios les empieza a dar información adicional al hablar.

Inclusive, cuando nada sobrenatural ocurre, la gente aún puede recibir ánimo, aunque sea un estímulo simple pero sincero: "Pienso que tu voz es un don maravilloso y te veo usándolo para la gracia de Dios. ¡Gracias!".

Sin embargo, normalmente no participo con los estudiantes en este ejercicio, pero algunas veces no hay suficientes personas para formar las parejas y entonces, me uno con alguno de los estudiantes. Una estudiante con las que participé en este ejercicio en una ocasión recibió bastante entendimiento del Señor en relación con las cosas que Dios me había estado compartiendo a través de mis intercesores en los años anteriores. Ella me habló de que el Señor deseaba que yo sacara tiempo para estar a solas con Él, no para la preparación que hago para ir a un viaje del ministerio, sino tiempo exclusivamente a solas con Él. Tiempo para que Él me fortaleciera y me refrescara. También, que Dios me iba a dar un mentor, una persona, de la cual pudiera recibir y no lo contrario. Eso también era algo que yo anhelaba tener desde hacía muchos años.

Que recuerdo tan alentador (y tan convincente) de parte del Señor, que nos ama y no se olvida de Sus promesas o de Sus instrucciones.

Cuando me volteé para compartir lo que Dios me había puesto para ella, yo lancé un suspiro silencioso. "¡Señor, ayúdame! ¡No sé a dónde ir con esto!".

Lo que el Señor me dijo en el tiempo de silencio fue, "Sara se rió". Yo pensé en esto con referencia al hecho de que esta jovencita se había estado riendo de algo en el momento de las sesiones de enseñanza, y por lo tanto, yo estaba pensando en ese incidente y pensando en una referencia bíblica relacionada con la risa, en lugar de pensar en algo que Dios me haya podido haber dicho. Y como su nombre era Shelley, fue entonces que pensé, "Sara se rió" y "Shelley se rió", la comparación parecía ser pura coincidencia.

Al intentar escuchar algo más de parte del Señor. Dios hizo que esos dos nombres se mezclaran más y más. Después me dio más información. Yo no sabía nada de Shelley, excepto de donde era y que estaba casada con Ben. Así que, al voltearme para compartir con ella le dije: "Tal vez estoy equivocado. Por favor, perdóname si lo estoy". Le dije que no sabía nada acerca de ella o de su esposo, o de su situación, pero que sentía que las palabras "Sara se rió" tenían algo que ver con la infertilidad. Sentí que algo le había causado la infertilidad, como un accidente o una lesión en su útero, y que ella no debía reírse de la capacidad de Dios en darles un hijo. Dios les quería dar un bebe. Ya fuera, abriendo una matriz muerta, como en el caso de Sara, o sanando una matriz lastimada e infértil, o dándoles un niño de alguna otra manera, nada estaba fuera del dominio del poder de Dios. Ella no debía reírse de la sanidad o del hijo que Dios deseaba proveerles. Al contrario, debía confiar en la capacidad de Dios.

Después de decirle todo esto, me disculpé diciendo, "¡por favor perdóname si estoy totalmente equivocado!". Entonces, me contó un poco sobre su vida. Esto fue lo que dijo:

Siendo drogadicta, me arriesgaba a estar en lugares poco saludables e inseguros. Una tarde, fui sola a un hotel a comprar drogas. Los dos hombres que se encontraban en el cuarto me ofrecieron una bebida y unas drogas. En menos de una hora, me habían golpeado, violado, y dejado casi muerta. Salí a mi carro con la mitad de la ropa rasgada. Había llorado tanto que no me quedaban lágrimas. Me metí al carro y colapsé, temblando, gimiendo dolorosamente y con un sentimiento inconsolable de querer morirme. No podía creer que yo hubiera permitido esto. Yo era tan fuerte y ruda, ¿qué me había pasado?

Fui a la casa de mi padre. Me quedé en mi cuarto por unos cuatro días. Les dije a mi padre y a su nueva esposa que estaba enferma y salía de mi cuarto a escondidas para usar el baño y limpiar mis heridas. Sentía que la ducha no podía limpiar esta suciedad. Me sentía avergonzada y apenada por lo que me había pasado. No quería que nadie supiera lo tonta que había sido, o que todo esto había empezado porque quería drogarme.

Una semana después, fui a una clínica porque estaba físicamente enferma y necesitaba atención médica. Después que la doctora me examinó, se dio cuenta de que me habían violado. Entonces me dijo que estaba embarazada. Yo estaba devastada. Estos hombres no solo me habían robado mi pureza, me sentía como si hubiesen puesto al diablo dentro mi. Crecí en el catolicismo, pero cuando mis padres se separaron, yo me alejé de la iglesia. La enfermera me dio tres folletos con opciones diferentes: parto, adopción, o aborto. Sin vacilar, elegí hacerme un aborto. Me hice el aborto en la noche del día de las brujas. Después de esa noche, pensé que el pasado era el pasado y que nunca tendría que enfrentarme con ese dolor otra vez.

Poco después, ingresé por tercera vez a un centro de rehabilitación. Eso fue en diciembre de 1992, y no he usado drogas desde entonces. La recuperación de la adicción fue la puerta que me ayudó a buscar a Dios. Estaba buscando una vida espiritual. En mis primeros 5 años de estar sobria, me convertí en miembro productivo de la sociedad. Era exitosa en casi todo lo que hacía. Creía en Dios, y hasta creía que Jesús era el hijo de Dios. Pero también creía otras cosas. Una de esas cosas era que Dios no podría perdonar a una chica que había matado a su bebe. Pensaba que era algo imperdonable.

Había tenido una relación seria con un hombre, antes que me violaran. Después de que los hombres me violaron, todas las relaciones personales que tenía, las terminaba diciendo: "Seamos amigos". Estaba asustada, estaba dañada, y no quería que nadie supiera lo que me había pasado o que supiera lo que había hecho. Por fuera estaba funcionando como una persona madura y una mujer de éxito. Sin embargo, sufría de pesadillas y de recuerdos recurrentes: veía sangre, oía mi propia voz, gritando: "¡para, para!" después de haberme hecho el aborto, le tenía terror al día de las brujas. Le temía a los recuerdos y las pesadillas de ese aniversario infernal.

Varios años después, salí a cenar con un grupo grande de amigos. Y conocí a un joven llamado Ben. Ben me hizo reír desde el primer segundo en que nos conocimos hasta que todos nos despedimos esa noche. No me había reído así en años. Ben empezó a sanar mi corazón a través de la risa. Me invitaba a que lo acompañara en varias excursiones y nos divertíamos mucho. Después de un año de no parar de reírme, Ben me pidió que me casara con él y yo acepté.

Ninguno de los dos había tenido un buen ejemplo de matrimonio. Ambos deseábamos que un pastor nos casara. También sabíamos que sin Dios nuestro matrimonio no sobreviviría. A las 3 semanas de nuestro compromiso estuvimos en consejería prematrimonial con el pastor de una iglesia que nos gustaba mucho. Al cabo de unos meses, Ben y yo aceptamos a Jesús como nuestro Salvador personal. Compartí con Ben todo mi pasado y él me aseguró, que su amor por mí no iba a cambiar.

Nos casamos el 20 de mayo de 2000. Hablamos de tener hijos. También hablamos que si no podíamos tener nuestros propios hijos, íbamos a adoptar. En secreto, yo pensaba, que estaba dañada por causa de la violación y/o por causa del aborto. Pensé que Dios me iba a castigar por haber tenido un aborto. Yo me guardaba estos secretos y trataba de creer que nuestro Dios es un buen Dios.

Después de un año, nos hicimos miembros de nuestra iglesia, sirviendo en lo que más pudiéramos. El año siguiente el Señor nos llamó a las misiones. Ben y yo, con dirección, sentimos que un viaje a corto plazo (9 meses) sería un buen comienzo. Vendimos todo lo que pensamos que no era tan indispensable para recaudar fondos. Vendimos mi carro, dejamos nuestros trabajos, interrumpimos nuestra educación y rentamos nuestra casa.

Estuvimos en la fase de entrenamiento de nuestra misión por dos meses y durante ese tiempo vinieron muchos conferencistas y oradores. Una mañana, durante mi tiempo de oración y meditación personal, el

Señor me pidió que compartiera mí pasado (como algo confidencial) con dos de las líderes y que les pidiera que oraran por sanidad. Al día siguiente, Dios puso a estas mujeres en mi camino y le oramos al Señor. Entonces Él me dio una visión:

Estaba acostada sobre un altar, Jesús estaba vertiendo agua sobre mí. Él me estaba limpiando. Oí las palabras que decían: "No me tienes que pedir perdón por lo que te hicieron, hija mía". Después de ese tiempo de oración supe que el Señor me había empezado a sanar.

Unos días después, un orador conferencista vino al entrenamiento para hablar sobre la adoración y el estimulo profético. Esa tarde nos dividimos en grupos pequeños. No tenía compañero así que Gareth, el instructor, se unió conmigo. Él le dio al grupo más instrucciones, después oramos y nos sentamos en silencio. Después levantó su cabeza y dijo:

"Oí las palabras: "Sara se rió" como la Sara que aparece en la Biblia, dudando que iba a tener un hijo (Génesis 18:10-15). Yo siento que debo decirte: Shelley, tu matriz está sanada. ¿Esto tiene algún sentido para ti?".

Me reí y pensé, ¿ahora? Tengo 35 años, mi esposo y yo, hemos tratado de tener un bebé por casi 4 años. Incluso ya habíamos empezado a buscar bebés en agencias de adopción. Otra parte de mí clamaba diciendo: "Por favor Señor, permite que se realice". Esa tarde, Gareth y yo compartimos un poco más y le conté que en ese momento me encontraba en medio de un tiempo de sanidad, con relación a mi pasado. Ben y yo, nos preguntábamos, porque todavía no habíamos podido tener hijos. Le presenté a Gareth y le prometimos que nos mantendríamos en contacto.

El siguiente fin de semana, fui a un retiro de 3 días. En el retiro, la líder principal era una de las mujeres con las que había orado una semana antes. A mitad del retiro, nos reunimos con ella para hablar con relación a lo que Dios me estaba diciendo en silencio. Salimos a caminar por un hermoso sendero.

Le confesé que la noche anterior, me había despertado riéndome histéricamente, tan fuerte que desperté a mis compañeras de cuarto. Y que ellas no me podían gritar porque estábamos en un retiro donde debíamos permanecer en silencio. En secreto pensé que se trataba nuevamente de la risa de Sara. La facilitadora me preguntó si Dios me había revelado algo más en la visión.

Le dije que la visión había sido tan real, que podía sentir el agua tocando las profundidades de mi alma. Podía ver cómo Jesús vertía las cubetas de agua sobre mí. Me estaba limpiando de la culpa, de la vergüenza, y de los hechos del pasado. No había pasado ni un segundo, y empezó a llover una lluvia purificadora sobre mí.

El Señor se quería asegurar de que lo estaba escuchando. Obviamente, quería captar mi atención: las oraciones, la visión, las palabras proféticas de Gareth, la risa y la lluvia… ¿qué podría venir después?

¡Me quedé sin palabras, anonadado! ¡Y temeroso! ¿Y si Dios no sanaba su matriz? Pero reflexionando en la palabra, yo nunca dije que Dios iba a sanar su matriz, sino que Dios era capaz de proveerles lo que ellos tanto deseaban; un hijo. Creo que Dios puede abrir las matrices muertas como lo hizo en el caso de Sara, y así como lo hizo en el caso de otra amiga mía.

¿Y esta joven? Ella estaba extremamente animada. ¡Dios le había mostrado que no se había olvidado de ellos! A Dios le interesaba el anhelo que tenían en sus corazones de tener hijos. Si hubiese sido por medio de la adopción o por el embarazo, ambas opciones hubiesen reflejado la provisión de Dios.

Cinco meses después, recibí un correo electrónico con una noticia sobre ellos. ¡La pareja estaba esperando su primer bebé! ¡Aleluya!

¿Por qué Pablo dijo que deseaba que todos en la iglesia profetizaran? (1 Corintios 14:5). El estímulo profético fortalece la iglesia, anima y edifica el cuerpo. Y honra al Señor. A Dios lo bendice cuando su pueblo se fortalece y cuando se animan los unos a los otros.

¿Cómo se vería la iglesia de hoy si cada creyente dedicara algunos momentos durante la semana para ofrecerse a Dios como un vaso en el que Él pueda extender una palabra de aliento, de fortalecimiento, o de edificación? Sería una iglesia que reflejaría la misericordia y la gracia de Jesús, una iglesia que adoraría a Dios con entrega porque escucharía la voz de Dios continuamente a través de sus hermanos y hermanas en el Señor. No solo recibirían aliento de otros, sino que recibirían ánimo mientras son utilizados por Dios como sus instrumentos para animar a otros.

Y el mundo se dará cuenta de lo mucho que nos amamos los unos a los otros (Juan 13:35).

Les comparto algunas ideas que les ayudarán a ejercitarse en lo profético.

1. *Comience con una oración, y pídale a Dios que le ponga en mente a alguien que él desea que usted anime esta semana.* O tal vez, Dios ya le haya puesto a alguien para que ore por el o ella. No tema, comparta las cosas que Dios le

ha dado. Usted no tiene idea de lo que está sucediendo en la vida de la otra persona, pero Dios sí lo sabe.

2. *Pídale al Señor que le ponga en mente algo específico, que pueda ser de estímulo para esa persona.* No intente sonar muy profundo ni trate de pensar en una palabra que impresione a la persona, solo para que se dé cuenta de lo espiritual que usted es. Esa motivación tiene raíces en el orgullo. La meta no es decir algo impresionante. La meta es darle la gloria a Dios al animar a alguien por medio de la incitación de su Espíritu.
   a Puede ser uno o dos versículos de las Escrituras. Tal vez no sepa el significado. Si es una palabra de ánimo de parte de Dios para otra persona, será de ánimo sin ningún comentario editorial adicional.
   b Tal vez sea una Escritura que venga con un poco de explicación. Si se necesita que haya un pequeño comentario, interpretación o una aplicación, que deba ser añadida a la Escritura, escudriñe y permita a Dios que le ayude en esa labor. No intente y/o invente una explicación creíble solo para cumplir con el requisito.
   c Quizá sea una figura o una imagen mental que represente algo que usted sabe de esa persona y encaja con lo que va a decir ¡O tal vez no! Sin embargo, Dios todavía puede usar eso para hablarle a la vida de la otra persona.
   d Puede ser una canción o un poema que le venga a la mente.
   e Puede ser un acto o una actividad que lo ha visto hacer, Dios se lo recordará mientras ore.
3. Reúnase con la persona cara a cara, llámela por teléfono, escríbale una carta, o mándele un correo electrónico. El estímulo puede venir de muchas maneras.
4. Trate de no decir: "¡Así dice el Señor!". Creo que es mejor que seas honesto en su comunicación al decir algo más acorde a esta frase: "Al preguntarle a Dios a quien deseaba que yo le diera una palabra de estímulo, tu nombre me vino a la mente. Y mientras oraba por ti, Dios me recordó (esto o lo otro)" o

"Dios me trajo a la mente esta Escritura (imagen, canción, etc.), la cual creo que Él quiere usar para animarte".

5. Ore por la persona. Incluso cuando sienta que lo que Dios trajo a su mente es completamente equivocado, o que no se relaciona con esa persona de ningún modo, la oración siempre será algo que los alentará. Y esa es la meta del don de profecía, consolar, edificar y exhortar al cuerpo.
6. Ame al pueblo de Dios. Las palabras proféticas son algo engañosas dentro de la iglesia. Existen muchos abusos que caen en la categoría de: "El Señor dice". Las palabras del Señor no son su opinión personal. La mayoría de veces, las palabras que declare tendrán poco significado para usted. Muchas veces nos confundimos con nuestro rol y el rol del Espíritu Santo. Nuestro rol es simplemente obedecer. Cuando Dios nos pide que le compartamos una palabra a un hermano creyente, debemos dar esa palabra. Si Él nos pide que caminemos con ese creyente durante un tiempo de disciplina, lo debemos hacer. Cuando empezamos a ser críticos, impacientes, mal educados, odiosos, airados, discrepantes, ya no podemos dar la palabra en amor. Tal vez estemos en lo correcto, pero solo somos una interferencia ruidosa para el trabajo de Dios. En los casos más severos, hasta podemos bloquear la obra de Dios.

Por encima de esto, necesitamos dejar que el Espíritu Santo haga su obra a Su manera. Cuando Dios habla, debo quitarme de en medio para que otros vean a Dios, no a mí. Hace años, una joven de otra ciudad visitó nuestro grupo universitario y profesional de estudio bíblico. Cuando se fue, Gayle me dijo de la nada, "Ella es la esposa de Debe". Yo me reí. Ella se encogió de hombros y me dijo, "Ya verás". Y después no dijo nada más. No intentó hacer nada para que sucediera. No le dijo nada a nadie. Pero ella tenía razón. Y cuando llegó la hora, esta palabra profética se convirtió en un estímulo de parte de Dios y una confirmación de su relación.

7. Hazlo una y otra vez.

Entonces la multitud se amotinó contra Pablo y Silas, y los magistrados mandaron que les arrancaran la ropa y los azotaran.
Después de darles muchos golpes, los echaron en la cárcel, y ordenaron al carcelero que los custodiara con la mayor seguridad. Al recibir tal orden, éste los metió en el calabozo interior y les sujetó los pies en el cepo.
A eso de la medianoche, Pablo y Silas se pusieron a orar y a cantar himnos a Dios, y los otros presos los escuchaban.
Hechos 16:22-25

CAPÍTULO DIECINUEVE

EL SUFRIMIENTO Y LA ADORACIÓN

Adorando a Jesús en medio de la adversidad y la tribulación

Estaba sentado en un restaurante McDonald's cuando escuché una conversación interesante en la mesa de al lado. Una pareja de mediana edad estaba en una conversación profunda con un joven sobre cómo empezar una vida con Jesús. Mientras hablaban, ellos describían lo que significa dar su vida a Jesús. Me incliné hacia donde estaba la conversación, para ver con curiosidad adonde llegaba.

Empezaron a describir la obra redentora de Jesús, que El perdonaría sus pecados y le daría el Espíritu Santo para que pudiera vivir una vida diferente. "¡Hombre!" pensé, "¡Dios está en el medio de la comida rápida!".

Entonces, la conversación tomó un desvió profundo. La conversación tomó el rumbo que muchos de nosotros tomamos por equivocación. La pareja le dijo al joven que la vida con Jesús era el final de todos sus problemas. Le estaban dando a este joven una propuesta que hace que el cristianismo sea muy atractivo. Le explicaron que desde el momento que empezara a caminar con Jesús, Él lo bendeciría y tendría todo lo que deseara. Dijeron que, como cristiano, su relación con su novia saldría bien (¡claro, si ella le daba su vida a Cristo!). Con Jesús en su vida, él encontraría un mejor trabajo y su vida tomaría un mejor rumbo.

¿Quién no querría seguir a Cristo? ¡Es una garantía de éxito como lo define nuestra sociedad!

Pensé, "Qué pequeño hemos hecho a Jesús". Tal vez, nos dejamos guiar por la publicidad y presentamos un mensaje agradable y atractivo, un mensaje que busca ser sensible para los no conversos, y que arruina su verdadero sentido. Racionalizamos el cristianismo en una versión occidentalizada del individualismo y del comercialismo. A veces pienso que hemos perdido la esencia de la salvación, que somos librados y salvados del poder del mal, intercambiando la vida eterna en el infierno por una vida eterna con Cristo. Por alguna razón inexplicable, nos sentimos satisfechos cuando nos ascienden en el trabajo, cuando tenemos un automóvil nuevo, o una casa bonita.

Nos cautiva lo inmediato.

No tengo ninguna duda que el poder del Espíritu Santo está presente para dirigirnos, guiarnos e instruirnos para vivir correctamente. Nos sana, restaura, y equipa. El tener a Jesús, no es la solución para los problemas diarios, no es una fórmula mágica que lo mejora todo. Tal vez, si verdaderamente siguiéramos a Jesús con abandono radical, afrontaríamos tiempos mucho más difíciles.

El aceptar a Jesús, es la cúspide de la paradoja, una paradoja que parece equivocación en nuestro mundo. Jesús nos pide que renunciemos a nuestra vida para que la podamos ganar. Recientemente pensé en esto, mientras agonizaba pensando en la cantidad de relaciones dañadas en la iglesia. Algunas de ellas tienen muy buenas razones para haberse separado. Promesas incumplidas, errores tontos y a menudo, existe un trasfondo de no haber tratado de solucionar ciertos problemas. Pero Cristo nos pide que rindamos nuestras vidas, que perdamos lo que deseamos, para que podamos tener todo lo que *Él* desea para nosotros.

Vivir verdaderamente como un adorador apasionado de Dios, tal vez nos lleve a críticas, a la pérdida de amigos, que perdamos un ascenso bien merecido. Quizá sea no participar y rechazar ciertas prácticas porque nuestra fe en Jesús significa vivir con un estándar diferente.

El seguir a Jesús es seguir un camino inesperado. Recuerdo cuando dejé mi último puesto pastoral. Me pareció que Dios había sido muy claro en su expectativa. Me había pedido que dejara el lugar donde estaba ministrando y que fuera en una dirección completamente nueva. Me moví con confianza, anhelando el nuevo éxito. ¡Pero no tenía ni idea lo que eso significaba!

Durante cinco largos meses oré y le rogué a Dios que me diera una pista. Gayle se estaba quedando en casa con los niños, y estaba trabajando un poco en la universidad, pero no ganaba lo suficiente como para cubrir todos los gastos. Y en lugar de estar en un trabajo que me ayudara a llevar algo de dinero para nuestro hogar, yo estaba en el sótano friolento de una iglesia, ¡orando!

Amigos, miembros de la iglesia, e inclusive hasta cristianos maduros no se guardaron para ellos mismos lo que pensaban. Me animaron a tomar cualquier trabajo que se me pusiera en el camino, para poder mantener a mi familia. Pero creo firmemente que Dios me llamó a tener un tiempo de descanso y de búsqueda. Y fue extremadamente costoso para mí y para mi familia. Ha habido repercusiones financieras a largo plazo, cuando los meses sin un salario fijo se extendieron por años, incluso después de que inicié el ministerio *Make Us Holy (Santifícanos)*. Fue realmente un sacrificio.

¿Fue una equivocación?

No, creo que no.

¿Cambió el rumbo de nuestras vidas?

Sin duda alguna.

Históricamente, los cristianos radicales han tomado decisiones que no tenían sentido para sus amigos y sus parientes que estaban orientados al éxito. Pablo, por ejemplo. Primero que todo, Pablo era un hombre con una mente lógica y con un sentido de pasión con propósito. Odiaba a los cristianos y pasó una buena parte de su vida profesional buscando y persiguiendo cristianos. Y entonces, un día, camino a Damasco, fue cegado por una luz del cielo y Jesús lo confrontó. Bueno, esto va en contra de toda lógica. Cuando la luz se hizo menos fuerte, abrió sus ojos para encontrar lo que no podía ver. Lo llevaron a una casa donde ayunó y oró por tres días (Hechos 9:1-9).

Entonces el Señor mandó a Ananías, un creyente que vivía en Damasco, para que fuese y le impusiese manos a Pablo (que todavía se llamaba Saulo) para que fuese lleno del Espíritu Santo a fin de que cumpliera su llamado (Hechos 9:10-19).

Y ¿cuál era su llamado? Dios le mostró lo mucho que iba a sufrir por el bien del nombre de Jesús (Hechos 9:16). En menos de una semana de ser creyente, su vida había cambiado dinámicamente y de un modo aterrador.

El tenía una posición de alto rango en la iglesia. Era educado y bien respetado. No creo que sus amigotes rabinos estuvieran muy anuentes después que el fue a explicarles que Dios lo había llamado a predicar las Buenas Nuevas de Jesucristo a los Gentiles.

El apóstol Pedro les advierte a los nuevos creyentes a que se preparen para sufrir:

> *Queridos hermanos, no se extrañen del fuego de la prueba que están soportando, como si fuera algo insólito. Al contrario, alégrense de tener parte en los sufrimientos de Cristo, para que también sea inmensa su alegría cuando se revele la gloria de Cristo. Dichosos ustedes si los insultan por causa del nombre de Cristo, porque el glorioso Espíritu de Dios reposa sobre ustedes. Pero si alguien sufre por ser cristiano, que no se avergüence, sino que alabe a Dios por llevar el nombre de Cristo (1 Pedro 4:12-14, 16).*

Jesús no es un método instantáneo para el éxito. Los cristianos occidentales de hoy en día parecen creer que la vida con Cristo significa el éxito definido por los parámetros del mundo, como un buen trabajo, una buena familia, o una buena reputación. Las bendiciones de Dios son evaluadas por los estándares que Dios rechaza: cuánto dinero ganamos; nuestra posición social; la facilidad para tener éxito constante. Los testimonios parecen tener un tema en común, "la vida antes de Cristo estaba llena de problemas, pero cuando acepté a Cristo todos mis problemas se desvanecieron".

Cristo restaura y renueva nuestras vidas, nos da un propósito y un enfoque. Y a menudo, por esa razón, nuestras vidas son más prudentes y moderadas en la disciplina, la energía y la pasión. Pero definir el caminar cristiano en el contexto de la comodidad occidental es rechazar el verdadero y horrendo dolor que millones de cristianos sufren cada día alrededor del mundo.

Cuando ocurren pruebas y pasamos por sufrimientos, no estamos solos. Caminamos con Él que nos sostiene en la hora de la necesidad más profunda. El reto de vivir una vida de adoración, es adorar a Dios en lo bueno y en lo malo, ¡teniendo su alabanza en nuestros labios cuando la vida apesta! Alabarlo, aun cuando estamos sufriendo, o sintiendo dolor, o experimentando opresión, pruebas, o cuando estamos de luto no es fácil, pero es necesario.

A principios de la primavera del 2004, regresé después de haber ministrado en Guatemala y Belice por un mes. Dios estaba obrando grandes cosas en las vidas de los estudiantes de la Escuela de Discipulado Outtatown (un programa de la Universidad Menonita Canadiense en Winnipeg, Manitoba, Canadá <http://www.outtatown.com>). Durante mi última semana allí, unas 30 personas de la tercera edad vinieron de parte de la Universidad Menonita Canadiense en el programa: "Aventura para el alma", dos semanas explorando Guatemala e interactuando con una variedad de ministerios, descubriendo la increíble creación de Dios en las diferentes culturas.

Un domingo por la tarde, a la mitad del viaje, el grupo fue afectado por algo inesperado y espantoso. Mientras estaban nadando en el Océano Pacífico, una correntada arrastró a 10 participantes. Tres de ellos fueron arrastrados mar adentro. Pero solo uno escapó vivo.

La experiencia de luto dentro del grupo fue agonizante. Para los cónyuges, era una pesadilla horrible. Era algo difícil de creer, como si lo que pasó hubiese sido un mal sueño y a la mañana siguiente todos se despertarían sabiendo que todo estaba normal. Al sentarme con ellos en una habitación de hotel, una noche antes de su regreso al Canadá, me di cuenta de mi ineptitud para consolarlos, de mi falta de vocabulario adecuado para hacerlos sentir mejor. Y sin embargo, sentí el poder de Dios para obrar en lo que no pude hacer por estas dos personas que estaban de luto, cuando ellos buscaban a Dios para obtener la fuerza que ni yo, ni ellos, podíamos tener.

El sufrimiento, el dolor, y la pérdida son una realidad. Cuando experimentamos el sufrimiento, sea por una pérdida personal o por la persecución, la adoración toma una dimensión diferente. Nuestro lamento y nuestras quejas nos llevan de nuevo a los brazos del Padre, quien nos sostiene y consuela. Entonces experimentamos la fortaleza de haber sufrido, en una forma ínfima, así como nuestro Salvador sufrió y también recibió el consuelo indescriptible. Nuestra adoración nos permite, milagrosamente, alabar a pesar de nuestro dolor. Nuestro sufrimiento y nuestro dolor nos dan la capacidad milagrosa de estar junto a las personas que están sufriendo, en dolor para ayudarlas a adorar, a conocer el consuelo de un Dios que nos consuela.

> *Alabado sea el Dios y Padre de nuestro Señor Jesucristo, Padre misericordioso y Dios de toda consolación, quien nos consuela en todas nuestras tribulaciones para que con el mismo consuelo que de Dios hemos recibido, también nosotros podamos consolar a todos los que sufren. Pues así como participamos abundantemente en los sufrimientos de Cristo, así también por medio de él tenemos abundante consuelo* (2 Corintios 1:3-5).

Nuestra experiencia del cristianismo en Norte América no es la norma. Cientos de miles de creyentes en otros países enfrentan el riesgo de morir. Muchos viven en países muy pobres, su existencia diaria depende completamente de la gracia de Dios. En muchas otras partes del mundo, la vida cristiana significa sacrificio, desistir de algo, renunciar a algo, la persecución, o incluso la muerte.

Pocos evangelistas hacen el llamado diciendo: "Ven, acepta a Cristo y Él te pedirá que mueras en su servicio. ¿Quién querría aceptarlo?". En realidad solemos suavizar el llamado. Casi nunca hablamos de perder nuestra vida para que la obra de Dios pueda completarse. Pero eso es lo que Dios nos pide. Nos pide a que renunciemos al derecho de la vida, para que Él pueda vivir en nosotros.

Años atrás, hablé en un retiro de jóvenes. El pastor de jóvenes me habló de unos jóvenes que iban a ir al retiro, los cuales estaban asistiendo al grupo de jóvenes pero nunca habían respondido a la invitación para que Cristo fuese parte de sus vidas. A todos les gustaba asistir al grupo de jóvenes, pero nunca habían sentido la necesidad de entregarle sus vidas a Dios. Me pidió que les diera la oportunidad de aceptar a Jesús después de una de mis charlas.

Un sábado por la noche, hablé de los personajes bíblicos e históricos que atendieron al llamado de Dios para la salvación y le entregaron sus vidas para su servicio, algunos en circunstancias terribles, otros dando sus vidas hasta la muerte. Después compartí historias de cristianos que a través de la historia y en la actualidad se han entregado a Dios por completo y cristianos que han sufrido grandemente por ser merecedores de ese llamado.

Después de haber compartido, les di la oportunidad de aceptar a Jesús, haciendo énfasis en que su vida no sería fácil. Hasta podría dificultarse, porque cada día tendrían que negarse a ellos mismos y vivir para Cristo. Y también, esto podría implicar que Dios les llamara a su servicio, de una manera que les podría causar su muerte. Entonces les pregunté: "Si estás dispuesto a decirle sí a Cristo, aunque signifique que tengas que morir por llevar su nombre, levanta tu mano".

No esperaba que nadie respondiera. No era el típico llamado al altar. No les estaba prometiendo algo que fuese muy exitoso o atractivo. Les estaba llamando a morir. Pude haber suavizado el mensaje y hacerlo fácil para su respuesta, permitiéndoles encontrar la verdad del llamado a seguir a Cristo a medida que fuesen discipulados, pero sentí que no era algo que Dios deseaba que yo compartiera.

Cinco jóvenes respondieron. El pastor de jóvenes estaba abrumado y perplejo porque no era un mensaje que facilitara el deseo de ser cristiano. Mientras el oraba y hablaba con los estudiantes, averiguó que la razón por la que querían seguir a Jesús, era porque valía la pena dar su vida por él. Algo menos que eso realmente no era nada diferente, comparado a lo que ya estaban viviendo. Ya tenían "la buena vida". Ellos querían algo por lo que valiera la pena vivir, porque era algo por lo que valía la pena morir.

Eso me dejó atónito. Me impacto el pensar en las tantas veces que me he negado a retarme a mí mismo y a retar a otros a vivir de manera radicalmente diferente al resto del mundo. Estos jóvenes tenían razón. ¿Por qué seguir a un Dios que les da lo que ya tienen? Anhelaban a un Dios que tiene el poder de impactar al mundo. Querían la oportunidad de comprometerse a vivir una vida dinámica.

A través del tiempo los creyentes se han enfrentado con más dificultades después de sus conversiones, que antes que conocieran a Cristo. Hebreos 11 enumera a muchas personas que vivieron por fe, aunque no pudieron ver cumplida la promesa de su fe. A pesar de sus pruebas y de su sufrimiento continuaron viviendo en fe (Hebreos 11:13). La vida de los anabaptistas a principios de los años 1500 es otro ejemplo del precio de la cristiandad. En ese entonces el vivir para Cristo no significaba la ausencia de pruebas o la ausencia de sufrimiento, ni tampoco el día de hoy.

En *El libro de los mártires* por John Foxe hay muchas historias de personas cuyas vidas de alabanza y de adoración en medio de la persecución y de la muerte causaron que muchos se tornaran a Jesús y lo alabaran. Una de las historias habla sobre el martirio de Faustino y Jovita, hermanos y ciudadanos de Brescia, Italia. Foxe escribe:

> *Sus tormentos eran tantos, y su paciencia tan grande, que Calocerio, un pagano, al verlos quedó atónito y admirado, y exclamó en un tipo de éxtasis "¡Grande es el Dios de los Cristianos! Por lo que fue aprisionado y sufrió de manera similar. (John Foxe. "Foxe's Book of Martyrs." Entrada en línea. La Tercera Persecución, Bajo Trajan, A.D. 108. Disponible el 16 Oct. 2004. <http://books.google.ca/books> y busca en Foxe's Book of Martyrs)>)*

Sammy Tippit dijo:

> *El cristianismo es la gloria y la gracia de Dios en el corazón de un creyente dolorido. Un cristiano no recibe ninguna excepción de los dolores de la humanidad. Es, a menudo, en medio del sufrimiento que el cristiano aprende a adorar a Jesucristo. Aprende a apreciarle y a adorarle mientras adquiere un mayor entendimiento de lo que es el sufrimiento de Cristo. Es en las circunstancias duras que su comprensión del amor de Dios se profundiza. (Sammy Tippit. "Suffering and Worship." (El Sufrimiento y la Adoración) Entrada en línea. Sammy Tippit Ministries: God's Love in Action. Disponible el 16 Oct. 2004. <http://sammytippit.org/content/revival-worship/1916/Chapter%207%20-%20Suffering%20and%20Worship >).*

Tenemos una joven en nuestra congregación que abandonó su hogar, a su marido y a su hija para salvar su propia vida y la de su bebe. Ella no sabe si todavía están vivos. Ella sabe que viven en una tierra donde la guerra y el conflicto amenazan sus vidas a diario. Cuando la oigo orar en su lengua natal, no puedo entender ni una palabra, pero entiendo esto: esta joven, a pesar de todas sus pruebas y de todo su sufrimiento, confía en Dios sin reservas. Está agradecida por su vida y la vida de su niño. Ella no posee nada en este país, pero está haciendo su hogar, ¡y se ve a sí misma como alguien con abundancia!

Admito que mi propia alabanza en medio del sufrimiento o en medio de la persecución ha sido limitada. Pero siento que nuestra vida cristiana en Norte América es fácil y está a punto de ser sacudida. Nuestros "países cristianos" están perdiendo su afinidad con los valores de Cristo. Se le pidió a una persona de la antigua Unión Soviética que diera su punto de vista con relación a la sociedad norteamericana, en contraste con el régimen comunista, en el que había crecido. Su respuesta fue, que le daba pavor observar a la sociedad norteamericana apresurándose hacia el mismo abismo del que ahora Rusia está tratando de salir, una vida sin Dios.

En un sentido, estamos destinados a repetir la historia. Y en la historia, la iglesia ha pasado de ser de una iglesia perseguida a una fuerza estabilizadora en la sociedad, y después ha pasado de la autocomplacencia a la irrelevancia. Yo estoy luchando por adorar de una manera que impacte mi comunidad.

La era de la libre expresión y la libre adoración está llegando a su fin, aun en nuestra sociedad tolerante. Pero, lo único que las sociedades tolerantes no pueden aguantar son los absolutos. Cristo dijo: "*Yo soy el camino, la verdad y la vida.* ***Nadie*** *llega al Padre sino por mí* (Juan 14:6, énfasis mía).

Mientras estudiaba español en Guatemala, en el 2002, pasé bastante tiempo con los estudiantes. Cada semana y casi cada fin de semana íbamos en pequeños recorridos turísticos dentro y fuera de la ciudad de Quezaltenango. Observamos la diversidad cultural y religiosa que el país nos ofrecía. Vimos a una sacerdotisa Maya realizó una ceremonia de año nuevo y todos los estudiantes deseaban participar y ofrecer sus oraciones a los dioses Mayas y que las sacerdotisas les dieran su bendición. Cuando visitamos el templo del santo patrono, Maximón (o San Simón), los estudiantes deseaban presentarle a San Simón sus peticiones de oración: por el dinero, por las relaciones, por la paz, o por otras cosas representadas por la luz de las diferentes velas de color.

Pero una vez, cuando íbamos al pueblo de Chichicastenango vimos un grupo de una iglesia evangélica cantando canciones de alabanza y dando sus testimonios en la plaza de mercado. Los estudiantes que estaban conmigo empezaron a criticarlos y a burlarse de ellos.

Después los confronté. Me pareció irónico que fuesen tan tolerantes con los dioses paganos; deseosos de participar en sus rituales y en sus ceremonias. Al principio no podía entender por qué eran tan descaradamente intolerantes con ese grupo. El cristianismo estaba muy cerca de ellos. Conocían mucho de la iglesia. No podían racionalizar, no podían aceptar una tradición que venía del abuso. Ellos mencionaron una serie de malos momentos en la historia cristiana, todo desde las cruzadas de los siglos 11 a 13, el evangelismo por televisión, la represión de los derechos de la mujer, el uso del castigo corporal en los niños. Muchos dieron ejemplos personales de cómo la iglesia claramente jugó el juego de la religión. No toleraban a los cristianos ni al cristianismo.

Si hubiesen dado todos los malos ejemplos encontrados dentro de la historia judía, hubiesen dicho que eran antisemitas, o en contra de la cultura o religión musulmana, hubiesen sido llamados racistas antimusulmanes. Pero el cristianismo es el hazmerreír. Nuestra sociedad está tolerándolo todo cada vez más, excepto el cristianismo. Y yo pienso que esta tendencia irá creciendo.

Cuando terminaron, les pregunté: "Así que, ¿es así como me ven a mí? He dado mi vida para seguir a Cristo y estoy dispuesto a morir por Él. Pero ustedes reducen mi fe a un puñado de malos ejemplos sin ver los fundamentos, como lo han hecho con la disposición que tienen por otras religiones".

Todos sabían que yo era pastor. Y se quedaron callados por un momento, antes de decir: "No, no te vemos de esa manera. Tu rompes el molde". Les respondí: "Tal vez han cambiado de opinión, porque han pasado tiempo conmigo. ¿No creen que tal vez ustedes necesitan darse la oportunidad de conocer a los demás?".

Se quedaron callados.

¿Saben?, estos jóvenes adultos estaban muy dispuestos a meterse en las cosas que no les exigían nada. Era divertido. Para ellos, su tolerancia por otras culturas y religiones era un poco más que un juego. Ninguno de ellos estaba dispuesto a dar sus vidas por un sistema de creencias o a entregarse a ellos mismos para servir a Dios.

Ese invierno, estaba muy impresionado con la actitud de la gente occidental. En una época en donde el hambre por lo espiritual se encuentra al nivel más alto de todos los tiempos, la gente que vive como adoradores se encuentra al nivel más bajo. Nuestros jóvenes están buscando una perspicacia espiritual en muchas fuentes, en ocasiones uniendo varias tradiciones espirituales. Existe poca afinidad para el creyente que dice que existe la verdad. Recientemente una amiga me dijo que nadie podía realmente conocer la verdad porque "la verdad siempre cambia". Sí, esa declaración le da en la cara a las declaraciones a las que los cristianos suelen aferrarse. Pero, la reté. ¿Qué es la verdad? ¿Si la verdad es lo que decimos, cuando nuestras percepciones cambian, esa verdad cambia?

Nos han engañado severamente al decirnos que podemos conocer la verdad de Dios por completo. 1 de Corintios 13:12 nos dice que hasta que no veamos a Cristo, veremos las cosas a medias. No conoceremos la verdad hasta que veamos a Dios. Eso no significa que Dios no sea la verdad; antes bien, significa que la verdad de Dios es tan amplia y tan ancha que ni en toda nuestra vida podremos captar esa plenitud.

Necesitamos empezar a contar la historia de Dios y de las Buenas Nuevas de Cristo con valentía, aunque la gente no la acepte. Somos responsables de la gente que no ha conocido a Cristo porque guardamos el mensaje para nosotros mismos.

Hoy, tenemos la libertad de expresión. Vivimos en un mundo donde el terrorismo, las enfermedades mentales, las relaciones deterioradas, están arruinando las vidas de la gente. Servimos a un Dios que está por encima de nuestras debilidades. Servimos a un Dios, que aunque las cosas en nuestro mundo se deshagan, está en control absoluto. ¿Creemos lo suficiente para vivir de esa manera?

Cuando vengan el sufrimiento, la persecución, las pruebas de todo tipo, ¿seremos personas que alaban a Jesús en medio de todo eso? ¿O lo negaremos? Dios nos llama a que lo adoremos en todo momento. Creo que cuando el sufrimiento y la persecución llegan a aquellos que han desarrollado un anhelo por andar como adoradores (las personas que buscan intimidad con su Dios en cada circunstancia de sus vidas), encuentran la fortaleza, el consuelo y el descanso en Él.

Normalmente, finalizo cada capítulo con algunos pasos que sirven para crecer en el aprendizaje para mejorar mi adoración a Dios en el enfoque particular del artículo. ¿Pero cómo puedo proveer algunos pasos para adorar a Dios en el sufrimiento? Espero que estos pasos no sean muy triviales, porque siento que mientras estés pasando por pruebas y sufrimientos, el Espíritu de Dios te guiará a lugares donde necesitas estar para recibir el consuelo y el aliento que necesitas. Los pasos 1 al 3 los tomé de un artículo en línea. [Dennis Rupert. "Eight Explanations for Suffering Found in the Bible", [Ocho explicaciones del sufrimiento encontradas en la Biblia]. Publicación en línea. New Life Community Church. Disponible el 16 Oct. 2004. <http://www.new-life.net/growth/other-articles/eight-explanations-for-suffering-found-in-the-bible>].

1. *El sufrimiento es real.* Algunas religiones (como el hinduismo, la ciencia cristiana) creen que el sufrimiento solo es una ilusión. Pero el dolor, el luto, y la pena que experimentamos en esta vida no son imaginarios. Son reales. No podemos hablar del sufrimiento de una manera teológicamente indiferente. La agonía, la aflicción, el tormento, y la angustia no se pueden racionalizar con algunos versículos tomados fuera de contexto. El sufrimiento es tan real que Jesús mismo llegó a vivir en él, a experimentarlo por completo, a vencerlo, y a redimirlo. Su sufrimiento fue real. También el nuestro.
2. *El sufrimiento vino a este mundo como resultado del pecado humano.* La muerte, el dolor, el luto, la soledad, la persecución, el rechazo, y todos los otros tipos de sufrimiento, no eran parte del mundo original de Dios (Génesis 1:31; 3:17-19; 5:29; Romanos 5:12, 14,18; 8:20-22; 1 Corintios 15:21-22; Apocalipsis 21:3-4). Dios no es el autor de todas las cosas malas que ocurren en el mundo. Nosotros, toda la humanidad, comprobamos ser hijos de Adán cuando seguimos nuestros deseos pecaminosos en lugar de seguir a Jesús. Nosotros somos los culpables de la maldición que padece el mundo.
3. *Dios está en control y gobierna sobre todos los sucesos.* El sufrimiento es real, pero no es la única realidad. Hay mucho más en la vida que el sufrimiento. Dios está

en control y nada ocurre fuera de Su conocimiento, o fuera de su involucramiento (Deuteronomio 32:39; 1 Samuel 2:6-9; 1 Crónicas 29:11-12; Proverbios 16:4; Job 2:9-10; Eclesiastés 9:1; Isaías 45:7; Jeremías 18:1-23; Lamentaciones 3:37-38; Daniel 2:20-21; 4:17,25,35; Mateo 10:29; Lucas 1:53; Hechos 1:7; 17:24-26,28; Efesios 1:4-5; Colosenses 1:17; Apocalipsis 4:11). Dios usará y está usando el sufrimiento de este mundo para Sus propósitos divinos.

4. *Lee las Escrituras que hablan del siervo que sufre (Isaías 40:55)*. Pero no hemos sufrido al extremo que Jesús sufrió. Sí, nuestro sufrimiento es real, pero hay alguien que sufrió por nosotros. Él conoce nuestro dolor. Nos ayudará a soportarlo y nos conducirá a través de eso.
5. *Prepárate para la persecución sin haberla invitado.* Nunca trato de darle a un no creyente una buena razón para odiarme por mi creencia. Cuando comparto mi fe con las personas, intento usar palabras que abren el entendimiento, en lugar de esconderlo con términos religiosos. La gente merece oír el testimonio de tu relación con Cristo de una forma que los ayude a comprenderlo.

Ahora, hermanos, queremos que se enteren de la gracia que Dios ha dado a las iglesias de Macedonia.
En medio de las pruebas más difíciles,
su desbordante alegría y su extrema pobreza abundaron en rica generosidad.
Soy testigo de que dieron espontáneamente tanto como podían, y aún más de lo que podían, rogándonos con insistencia que les concediéramos el privilegio de tomar parte en esta ayuda para los santos.
Incluso hicieron más de lo que esperábamos,
ya que se entregaron a sí mismos, primeramente al Señor y después a nosotros, conforme a la voluntad de Dios.
De modo que rogamos a Tito que llevara a feliz término esta obra de gracia entre ustedes,
puesto que ya la había comenzado.
2 Corintios 8:1-6

CAPÍTULO VEINTE

DAR CON GOZO

Una expresión de adoración

Mi ministerio es un ministerio de fe. Gente muy compasiva y generosa comparte sus recursos con nosotros y permite que el ministerio se lleve a cabo. Estoy muy agradecido con ellos porque han respondido al llamado de Dios en sus vidas, al llamado de dar. También estoy sumamente conmovido por su generosidad.

Pero algunas veces, la vida cotidiana se interpone en el camino de mi confianza en Dios. Sí, sé que Dios es digno de confianza. Sé que, como las aves del cielo y las flores del campo, Dios proveerá todo lo que mi familia necesita (nota: estas son necesidades, y no deseos). Sin embargo, algunas veces, le doy un vistazo a mi cuenta bancaria y me quedo boquiabierto. Hay momentos en los que estoy tentado a pensar que a Dios realmente no le interesa.

Entonces, tengo que sentarme y ponerme a pensar: ¿cómo es que Dios ha proveído para nuestras necesidades?

Déjenme compartirles una pequeña anécdota.

Estábamos terminando nuestro tercer año de ministerio en Williams Lake, un pueblo central de British Columbia. Un mes más tarde, atravesaríamos el país hacia Kitchener, Ontario. Nuestra pasión por el ministerio en la Iglesia Cariboo Betel había crecido durante ese periodo y estábamos ansiosos por saber lo que Dios nos traería en este nuevo capítulo de nuestras vidas. Sabíamos que su llamado era claro, pero solo teníamos el esbozo de lo que Él deseaba cumplir en nosotros y a través de nosotros, allá en Kitchener.

Nuestra familia estaba creciendo. Nuestros dos hijos, Chris y Dan, en ese entonces tenían diez, y ocho años de edad, se estaban acercando a sus años de pre adolescencia y nuestra hija Carine, de cuatro años, estaba más activa y animada que nunca.

Teníamos un pequeño problema. Dejar la granja para irme al seminario había afectado seriamente nuestros planes económicos. Irme a un seminario por dos años no ayudaba a fortalecer nuestra situación financiera. ¡Ni tampoco el salario de pastor asociado!

Necesitábamos un vehículo nuevo. Teníamos un pequeño Honda Civic. Nuestra hija Carine, a pesar de tener cuatros años de edad, lo dejó todo muy claro y dijo que para ir a Ontario, no se iba a sentar debajo de una guitarra y que no iba a ir apretada entre sus dos hermanos. El automóvil era muy pequeño para meter toda la familia y todas las cosas que necesitábamos llevar para cruzar el Canadá.

Habíamos mirado todas las opciones y por más que hacíamos cuentas, no nos resultaba. Empezamos a orar para que Dios nos proveyera un medio de transporte adecuado antes de partir. Vendimos el Honda y por varios meses, ¡tuvimos una motocicleta familiar! La fecha de la mudanza se estaba acercando y le dimos un listado de peticiones a unos guerreros de oración para que Dios inclinara su oído a esta solicitud urgente.

Entonces Dios nos sorprendió.

Estábamos sentados en una heladería, Dairy Queen, con un buen amigo, Dave Corbett. Dave acababa de comprar un Mazda nuevo. Puso las llaves en la mesa y nos dijo que Dios le había pedido que nos diera el carro. Que no nos lo vendiera, o que nos lo prestara, sino que nos diera su automóvil. Y allí estaban las llaves frente a nosotros, sobre la mesa. "Tómenlas. El carro es suyo".

¡Hombre! Estábamos atónitos.

Pero esta es la primera lección…

Para celebrar la generosidad y la bendición de Dios, uno tiene que tragarse la lógica suburbana de clase media y estar dispuesto a aceptar el regalo.

Le agradecimos a Dave efusivamente y le devolvimos las llaves. Hasta el día de hoy, todavía sentimos que le dimos una bofetada en la cara a Dios y a Dave. Éramos demasiado orgullosos y no teníamos la suficiente fe para confiar en que Dios le había dicho a Su hijo que nos diera su automóvil, que Él le iba a proveer algo más.

Así, nuestro recorrido continuó…

Cinco años más tarde, Dios nos dijo que saliéramos del ministerio de jóvenes para seguirlo en lo que eventualmente se convertiría en el ministerio *Make Us Holy (Santifícanos)*. Los primeros cinco meses, estuvimos esperando una dirección clara de parte de Dios con relación a los "detalles" de nuestro llamado, yo no tenía empleo, ni ingresos, solo una palabra de parte de Dios: ser paciente, esperar, y no preocuparme. Acabábamos de comprar una casa hacía ocho meses. Gayle estaba trabajando como Maestra Auxiliar en la Universidad de Waterloo. Ganaba lo suficiente como para comprar la comida de cada mes y alguna que otra cosa extra. No tenía ni idea de cómo iba a pagar la hipoteca, y mucho menos los impuestos, el mantenimiento, y las reparaciones.

Había pasado una semana como desempleado, cuando recibimos una llamada de otra amiga que vivía en el oeste del país. No habíamos estado en contacto con ella por varios años. María dijo que Dios la estaba animando a volverse a poner en contacto con nosotros. Le dije que Dios me estaba preparando para algo, pero que todavía no sabía exactamente lo que era, solo que debía ser paciente, esperar y no preocuparme. Ella nos prometió que iba a estar orando por nosotros, mientras esperábamos la dirección de Dios.

Una semana después recibimos una carta de ella. En ella explicaba, que mientras oraba para saber cuál iba a ser su papel en todo esto, sintió que Dios le estaba pidiendo que nos proveyera los pagos de un año de hipoteca. En el sobre había 12 cheques posfechados, cada uno con lo suficiente para cubrir la hipoteca, los impuestos de propiedad y el seguro.

Recientemente, le pedí a María que escribiera una respuesta a la historia detrás de su regalo. Me respondió con un correo electrónico, el cual he incluido a continuación:

> *Con respecto a lo que estaba pasando en mi vida en ese momento, tengo que decir que Dios estaba muy ocupado renovando mi corazón y mi mente. En ese momento de mi vida, Él se me reveló de muchas maneras, pero más que nada, Él reveló Su amor por mí en maneras que antes yo no entendía. El Señor me reveló mucho de su amor, de Su corazón y de Sus pensamientos, era como si las prioridades terrenales hubieran desaparecido, lo único que veía era el Señor y las cosas que le importaban a Él. Aunque fue un periodo intenso en mi relación con el Señor, en general, las cosas que me reveló en ese tiempo se convirtieron en algo constante en mi vida. Era como si Él renovara mi mente, al punto que yo pensaba como Él pensaba y veía las prioridades como Él las veía. Por supuesto, siempre hay mucho por recorrer en la vida de una persona, pero en general, ese periodo resultó ser uno de los cambios permanentes más importantes que he tenido en mi vida.*
>
> *De muchas maneras, lo anterior explica porque pude dar sacrificialmente. Cuando uno se consume por las prioridades del Señor, sus energías, su enfoque y sus decisiones se alinean en esa dirección. Entonces, cuando me hablaste sobre el periodo de transición por el que estabas pasando en tu vida, pensé en lo que el Señor estaba*

haciendo en mi vida, y sentí claramente que el Señor me estaba llamando a apoyarte en ese esfuerzo. No parecía una gigantesca revelación, en lugar de eso, era lo obvio, era lo que tenía que hacer. También descubrí que Él te da la fe para creer que puedes hacer un compromiso que requiere dar sacrificialmente. (Otro punto interesante, la Hacienda Pública del Canadá me contactó al año siguiente para que les entregara los recibos originales de mis donaciones, estoy segura que tenían algunas sospechas por mis declaraciones de donaciones benéficas). Para mí, este compromiso realmente exigía un cambio en mis condiciones de vida y de vivienda por un cierto tiempo: rentar un cuarto y vivir como inquilina en lugar de tener mi propia casa. Pero el Señor también bendijo eso y utilizó esa situación en mi vida.

Al final, ¿cuál ha sido el impacto en mí? La mayoría de los testimonios que he oído sobre la generosidad, parecen incluir alguna descripción de una gran bendición financiera de parte del Señor. No puedo pensar en alguna bendición financiera importante que haya recibido desde ese entonces, aunque siempre he tenido más de lo necesario, buenas oportunidades de trabajo, y la verdad es que no puedo decir que me haya faltado nada. En tu carta sugeriste, que tal vez mi matrimonio fue un regalo de Dios. Creo que sí lo fue, aunque nunca lo he pensado en esos términos; como una bendición en respuesta a la generosidad.

Más bien, mis propias ideas con respecto a este tema son: la compañía constante del Señor, el consejo y la enseñanza del Espíritu Santo, la capacidad de tener esperanza, gozo y paz en un mundo difícil, la capacidad de ser un ser humano sólido y estable con capacidad de contribuir de manera significativa, en vez de depender y de sacarle los recursos a otros. Pienso que el Señor me hubiese dado esas cosas, incluso si no hubiese dado sacrificialmente durante ese tiempo. Pero he empezado a pensar, que cuando, como seres humanos, nos entregamos por completo al Señor y a Sus prioridades, hasta el punto de afectar nuestras decisiones, nuestras billeteras, etc., Él nos lleva a un lugar de intimidad con Él, y que las otras cosas en la vida realmente tienen poca importancia. La vida tendrá sus altibajos, pero los altibajos te afectarán mucho menos, porque el poder de Dios en tu vida es más grande que lo que pasa a tu alrededor.

La intimidad con Dios es la verdadera y tal vez la única bendición. Nada se compara a las veces que le escuchas decir algo nuevo, algo con relación a tu vida, o cuáles son sus propósitos para algo en específico. Nada se compara a estar en su presencia. Nada se compara al pensar en Su amor y Su misericordia para un mundo que sufre. Nada se compara a la salvación, a vivir en la luz de Su perdón, a las obras constantes de sanidad que hace en nuestras vidas, y al propósito que Él y solo Él te puede dar. Nada se compara a la constante compañía del Espíritu.

En simplicidad, aunque sé que Él da muchas bendiciones físicas, nunca querría ponerlas al mismo nivel que el tener una relación continua y constante con Él. Conocer al Señor te hace sentir que tienes suerte de estar vivo y te hace sentir maravillado de desempeñar un pequeño papel en las cosas que El está haciendo. Él nos inspira con pasión para poder conocerlo mejor, para que constantemente pueda despojarme de mi vieja naturaleza y para ser su sierva.

La segunda lección...

Dios no nos da la espalda. Nos da otra oportunidad, para que evaluemos la capacidad que tiene para cuidarnos. Y lo hace de manera inesperada, de maneras que nunca imaginamos, sin saber a través de quién, cómo, o cuándo obrará.

Esta vez, fuimos fieles. No sabíamos si Dios la había bendecido por su generosidad. Pero ella dio en el blanco cuando dijo: "nuestra bendición es la intimidad con Dios". Su bendición es el crecimiento y la constancia de esta intimidad. Para ambos, esta experiencia es un momento más, en el viaje del conocimiento de Dios.

Desde que comencé el ministerio de *Make Us Holy (Santifícanos)*, he tenido dos guitarras gracias a las generosas donaciones de varias personas. Cada una fue donada por personas que no son adineradas. Pero cada uno dio porque sabían que Dios les estaba motivando a hacer algo, que humanamente hablando, era descabellado.

Recibí una tercera guitarra de un amigo quien, en respuesta a la incitación de Dios, me dio su amada guitarra. La guitarra que había estado usando por varios años comenzó a tener problemas electrónicos. Después de haber estado unas seis veces en el taller de reparaciones no se logró corregir el problema, entonces, empecé a clamarle a Dios para que me ayudara. No teníamos los recursos para comprar una guitarra nueva y se aproximaba una conferencia importante, para la cual, necesitaba desesperadamente una guitarra fiable. Tres días después de estarle clamando a Dios, mi amigo apareció en la puerta de mi casa con su guitarra. Me dijo que solo me la quería mostrar y que quería que le diera mi opinión mientras le daba un vistazo. Después de examinarla, me di cuenta que estaba bien diseñada y que era un instrumento fácil de tocar. El me respondió: ¿te gusta?" Le dije que sí, y entonces me la dio de nuevo y me dijo: "Pues, ¡es tuya!"

Dijo que tres días antes, mientras buscaba a Dios en oración, Dios le había dicho que me diera su guitarra. Él había estado luchando con Dios durante tres días antes de obedecerle, porque realmente amaba esa guitarra. Unos años antes él había perdido su empleo, su automóvil, su casa, y había tenido que depender de la asistencia social por algún tiempo. En esos años Dios le había enseñado a depender de Él. Ahora, que estaba comenzando a levantarse, se dio cuenta de que ya no quería aferrarse a las cosas que Dios le estaba pidiendo que soltara.

Por dos años, hasta que Dios me pidió que volviera a tocar guitarra, cada vez que la tocaba me acordaba de la increíble forma en la que Dios suple nuestras necesidades. Algunas veces, por medio de los que están más necesitados. Es humillante recibir de la generosidad de la personas, especialmente cuando viene en la forma de un regalo que es tan importante y significativo para ellos, como para darse el lujo de regalarlo.

La tercera lección…

Las posesiones y el dinero, "las cosas", no tienen valor ni dueños en la familia de Dios. Deben ser utilizados en su máximo beneficio para la gloria de Dios.

Cuando leí la descripción de Pablo con relación a la generosidad de los macedonios en 2 de Corintios 8:1-6, empecé a tener una visión de cómo un adorador da sin medida para la obra del Reino de Dios. El dar es un acto de adoración. Especialmente cuando se nos pide dar más allá de lo razonable, un verdadero sacrificio de alabanza.

Tres regalos fueron dados generosamente por los macedonios. Se entregaron ellos mismos a Dios. Retaron a Dios para que les usara de una forma dinámica. Después se entregaron a Pablo y a Tito, ofrecieron asociarse a la visión misionera de Pablo y de Tito de la manera en que ellos fuesen requeridos. Finalmente, dieron una donación en efectivo para que fuese utilizada para apoyar a los cristianos en Jerusalén. *El Mensaje* lo dice de una manera maravillosa: *Incluso hicieron más de lo que esperábamos, porque su primer paso fue entregarse ellos mismos al Señor y a nosotros, tal como Dios quería.* (2 Corintios 8:5 – NTV)

Un adorador siempre ha de encontrar una manera para dar con generosidad.

Primero, los adoradores se entregan a Dios. Esta entrega no es algo de una sola vez. Es una ofrenda de gratitud en agradecimiento, al costo de nuestra salvación. Nos coloca justo en el medio de la incontenible gracia que nos ha dado vida. Este es un acto primordial de adoración, un acto de entrega. Cristo nos pide que tomemos nuestra cruz diariamente y que le sigamos (Lucas 9:23). Nuestro servicio y nuestra generosidad hacia los demás es algo secundario en comparación al acto inicial de buena voluntad, de dar nuestras vidas a Dios.

Segundo, los adoradores se ofrecen a sí mismos por los demás, en servicio para el Reino de Dios. Esto encaja con el plan de Dios para Su Reino y Su comunidad. Los hijos de Dios no son independientes. Trabajan juntos en una variedad de roles para cumplir la misión y el propósito de Dios en este mundo. Este es el principio primordial del cuerpo de Cristo. ¿Estamos dispuestos a trabajar juntos en equipo?

A veces nos perdemos en la mentalidad espiritual del servicio. Expresamos mentalmente y emocionalmente una disposición de darlo todo y esperamos a que Dios nos diga lo que debemos hacer. Nos olvidamos que Dios lo único que espera de nosotros es la obediencia, lo que significa, que nuestras manos y nuestros pies promulgan lo que saben nuestra mente y nuestro corazón. Aunque suene simplista, es difícil. "Sabemos" mucho más de lo que hacemos.

Puede que el servicio no sea gran cosa, tal vez sea dedicar tiempo para demostrarle a alguien su interés genuino por ellos, al escuchar su historia, o al compartir una cena con ellos, o al darles ánimo en tiempos difíciles. Pero servicio significa pensar en las necesidades de los demás antes que pensar en nuestras propias necesidades.

Tercero, los adoradores ofrecen ofrendas de recursos que ayudan a otros. La distribución de la riqueza no es y nunca ha sido equitativa. La gente en nuestras iglesias y en nuestras comunidades tiene diferentes niveles de riqueza. Nuestro propósito en la tierra no es acumular tesoros, porque los tesoros que acumulamos confirmarán rápidamente donde se encuentra nuestro corazón. Existen muchos relatos de cómo la gente ha respondido a la necesidad de otra persona o de un grupo, a pesar de que su propia necesidad era más grande. Y Dios, de alguna manera, fue capaz de proveer para ese déficit de manera milagrosa. Algo milagroso ocurre cuando damos a pesar de que tengamos nuestras propias necesidades.

Todavía me es difícil confiar totalmente en Dios, a pesar de que cuento los relatos de Su fidelidad, me pregunto cómo Make Us Holy (Santifícanos) costeará sus gastos presupuestados. Me pregunto cómo creceremos y nos moveremos en otras áreas. Después de todo lo que he recibido de Él, ¡todavía me preocupo!

Probablemente existen más de 150.187 seminarios (una exageración, o tal vez no) en los que puedes aprender cómo cuidar tu riqueza. Y otros 34.876 planes (otra exageración, o no) de ayuda para enriquecerte, para que tengas algo que cuidar. No tengo el secreto para la seguridad financiera. Francamente, algunas personas saben cómo hacer dinero, otros parece que saben cómo darlo y otros saben cómo usar lo poco que les queda. La riqueza no está distribuida democráticamente y no está distribuida bajo un criterio basado en el valor.

Un buen amigo mío, que desde el principio me ha apoyado a mí y a este ministerio, económicamente y en oración, algunas veces habla del gozo que experimenta cuando da, para que yo haga lo que él nunca podría hacer. Y de esa manera él está compartiendo en el gozo y en el fruto del ministerio, junto con otros. Alabo al Señor por las personas que se dan a sí mismas para servir al Señor y a la gente, para que ellos puedan servir en obediencia y para que puedan apoyar las áreas que Dios los está llamando a apoyar, como su acto de adoración.

La riqueza tiene muchos lados. Somos hijos de un rey. Vivimos como extranjeros en un mundo que no reconoce a nuestro Padre, el Rey. Por lo tanto, somos forasteros, extranjeros en nuestra tierra (1 Pedro 2:11). Somos adoradores en un contexto que desprecia a nuestro Dios. Cada uno de nosotros contribuye de alguna manera, para compartir el Reino. Dios no corta con la misma tijera. Él nos da principios. Buscamos Su sabiduría para saber cómo esos principios pueden encajan en nuestras vidas.

La generosidad no se trata de las cosas o del dinero. Es caminar en una vida de adoración, donde nuestra adoración impacte la manera en que vivimos. El adorar a Dios significa que nos sujetamos a la idea que las cosas de este mundo no son nuestras, sino que son de Dios, somos administradores de ellas por un tiempo.

A continuación, les presento algunas de las cosas que trato de hacer para practicar el gozo de la generosidad:

1. *Empiece haciendo como los macedonios; entréguele todo a Dios diariamente.* Con frecuencia, comienzo mi día con una oración simple como: "Dios, hoy, yo soy tuyo. Úsame para lo que tú necesites". Busque formas en las que pueda dar con generosidad. Un día, una pareja de jóvenes tocó a la puerta de la iglesia donde yo trabajaba. Algunas veces, mandábamos a la gente que acudía a nosotros al banco de alimentos o a las agencias de servicios sociales. Pero ese día, dejé mi oficina y me fui con ellos de compras. Les compré provisiones. Estaban sumamente agradecidos. Pero me di cuenta que su gratitud se extendió más allá de los alimentos que les había comprado. Estaban sorprendidos porque yo había ido con ellos, había hablado con ellos y había orado con ellos. Muchas veces, en momentos de necesidad extrema, les habían dado la espalda.
2. *Aprenda a servir a otros con gozo.* Como dice el

comercial de Nike: "Solo hazlo". Algunas veces he pensado que el servicio no se trata de "puertas abiertas" o credenciales. Nosotros lo hacemos más difícil de lo que realmente es. El servirnos los unos a los otros debería ser como respirar. Vemos una necesidad que podemos suplir y simplemente lo hacemos.

3. *Diezme.* El diezmo es simplemente una porción que traes a la casa de Dios. El Antiguo Testamento habla de varios tipos de diezmos, el más común es el 10% de tus ingresos. Es un buen comienzo. Pero no permita que el porcentaje le inhiba o le prohíba responderle a Dios con generosidad. Le animo a que empiece a dar algo de forma regular y que esté dispuesto a dar algo extra cuando haya alguna necesidad adicional que Dios le muestre. El diezmar es una manera de expresar su confianza en Dios. Cuando los israelitas andaban errantes en el desierto, Dios literalmente les enviaba comida del cielo, todos los días. Le dijo a Moisés que le dijera a la gente que recogieran lo suficiente para ese día. Como los israelitas eran muy humanos, después de que cayó el primer maná del cielo, muchos corrieron a las praderas y recolectaron más de lo que necesitaban para ese día. Durante la noche, el maná adicional se pudría en sus contenedores. Dios estaba furioso, Él quería que ellos confiaran en que el maná caería nuevamente a la mañana siguiente. Este acuerdo terminó, pero el modelo es verdadero: Dios quiere que vivamos con la completa certeza de que Él cuidará de nosotros cada día de nuestra vida.
4. *Dé sin medida, más allá de lo debido.* Siempre habrán necesidades en la iglesia y en la comunidad. Debe estar dispuesto a orar para que Dios le indique donde debe dar algo extra, sea poco o mucho, para el beneficio del trabajo de su Reino. La verdad, se trata de invertir. Nuestra cultura occidental lo confunde un poco. Vemos el dinero como el dividendo de nuestra inversión, y no en

las vidas que puede representar. Piense en su portafolio de inversiones, ¿dónde está su tesoro?

5. *No se enrede en la idea falsa de que dar se refiere solamente al dinero.* Algunas veces, el dar dinero es la salida más fácil. El dar significa compartir lo que usted tiene. Esto incluye su tiempo, talento, hogar, posesiones, su espacio. Hay veces que me doy cuenta que el dar dinero es la salida más rápida. Pero lo que Dios realmente necesita de mí es que le dé mi tiempo. Somos gente ocupada. Para algunos de nosotros, nuestro tiempo es nuestro recurso más valioso. Dios le anima a dar, de maneras creativas e inesperadas.

TERCERA PARTE

ATANDO LOS CABOS SUELTOS

Por lo tanto, mis amados hermanos,
permanezcan fuertes y constantes.
Trabajen siempre para el Señor con entusiasmo,
porque ustedes saben que nada de lo que hacen
para el Señor es inútil.
1 Corintios 15:58 (NTV)

CAPÍTULO VEINTIUNO

ADORACIÓN ENTUSIASTA Y ESTIMULANTE

Adoración que nos motiva a volver

Hay momentos en los que uno experimenta a Dios de una manera memorable. En ese momento, en esa fracción de tiempo, uno sabe que está cara a cara con Dios de una manera en que nuestra realidad es sacudida.

Si lo ha experimentado, no necesita que nadie le diga cómo es. Usted podrá recordarse con claridad el júbilo que consumía todo su ser, como si estuviera conectado con el Señor del Universo, el Anciano de días. Si le dieran la oportunidad de repetir ese momento, seguramente lo dejaría todo para poder volver en el tiempo y experimentar esa sensación de adoración apasionada.

A veces, la adoración estimulante ocurre en una conferencia. A veces, en un retiro o campamento. A veces, ocurre en el entorno de una célula o grupo pequeño de oración. Y algunas veces, ocurre en el servicio dominical. A veces ocurre cuando uno está a solas. Pero, lo único que usted puede saber con certeza es que su percepción de su interacción con Dios se aleja dramáticamente de lo común y de lo ordinario. Algo menos que eso simplemente ya no le satisfaga.

Nuestra tendencia es observar las características externas de ese momento. Tal vez creamos que fue el concierto lo que nos conmovió, y no la presencia del Espíritu Santo.

En toda la iglesia norteamericana, las personas están tratando de recrear una experiencia de adoración que tuvieron en el pasado. A veces tergiversan el vínculo de la verdadera adoración, tomando una canción o un estilo de adoración, o una tradición musical. Así como la generación anterior, sintió un estímulo y una proximidad personal con Dios al cantar "Cuan grande es Él", también, nuestra generación le ha atribuido al estilo y a la forma esa experiencia de adoración.

Regresamos a nuestras congregaciones y presionamos para que el estilo de adoración cambie, con el fin de recrear ese momento especial. Nos enfocamos en cambiar el estilo de nuestra adoración, en parte porque un estilo diferente de adoración fue parte de lo que nos llevó a un encuentro con Dios, a un momento edificante de adoración.

Muchas veces, eso es lo que el cambio provoca. Si cambiamos los muebles de nuestra sala, nuestra casa se verá como nueva, fresca, más acogedora. Cuando mi esposa compra un vestido nuevo, o tiene un nuevo corte de pelo, me vuelve a llamar la atención como si fuera la primera vez. Mi interés y mi emoción se renuevan. Si me hiciera un permanente en el pelo, seguramente todos en mi casa se reirían (a mis expensas). Compramos un auto nuevo, o por lo menos uno más nuevo, y conducirlo es una nueva experiencia.

En nuestras vidas, en nuestras relaciones y hasta algunas veces en nuestras posesiones, el cambio ayuda a renovar el enfoque, el gozo, la euforia, la expectativa y hasta la revelación.

Cambiar la manera en que alabamos a Dios, algunas veces, puede hacer lo mismo. Rompemos la rutina normal para descubrir el milagro del amor y de la devoción renovada al amante de nuestras almas. Una vez más, comenzamos a ver su obra en nuestras vidas. Empezamos a escuchar más de cerca la apacible voz del Espíritu Santo que vive en nosotros. Nos preocupamos un poco más por el bienestar y la salvación de nuestros vecinos. Todo esto es bueno y todo esto ayuda a que la adoración sea estimulante, entusiasta y a que sea el tipo de adoración que las personas quieran tener semana a semana.

Pero debemos tener mucho cuidado de no atribuirle al cambio en la forma de adoración el ser "la manera correcta de adorar". Muy a menudo, lo que realmente hace el cambio es despertar una conciencia profunda de Dios que enciende e incita nuestra respuesta.

Muchos estudios sobre la adoración (estilos de adoración, conflictos sobre la alabanza, liturgia y lo que hace que valga la pena regresar a la iglesia) se han hecho en varias iglesias, iglesias de varios estilos y diferentes perfiles demográficos. Lo que se ha descubierto, una y otra vez es que: aunque en los varios servicios de las iglesias hayan diferentes tipos de personas, cristianos o no cristianos, o los estilos sean diferentes (litúrgicos o libres), o aunque su lenguaje sea eclesiástico o secular, en sí nada de esto hace realmente la diferencia en el crecimiento de la iglesia. A pesar de los estilos que tienen estas iglesias, existen todavía muchas iglesias que han sobresalido por haber desarrollado una adoración, que sus asistentes consideran "estimulante", pero no estimulante en el sentido que los hace sentirse bien, sino más bien, como una sensación de que el Espíritu Santo está presente. Las personas que asisten a estos servicios verdaderamente estimulantes, generalmente indican que asistir a la iglesia es algo placentero y no lo ven como "cumplir con una obligación".

Somos seres de costumbre, si sentimos que podemos recrear una experiencia, entonces asistimos a la adoración estimulante y entusiasta de nuestros servicios. Así que, saltamos en el último tren del estilo de adoración mas reciente y anticipamos que nuestra adoración será estimulante y entusiasta. Al final, intentamos renovar nuestra alabanza, al programar una adoración estimulante, no al vivirla.

Bruce Leafblad, profesor de música y adoración eclesiástica del Seminario Teológico Bautista del Sureste, en Texas, escribe:

> Debemos recordar que la renovación no es igual en todas partes. En la historia de la iglesia, nunca ha ocurrido una renovación que haya venido de las formas y los formatos, y es igual en la actualidad. La gran necesidad de nuestras iglesias hoy, no es aferrarse a lo viejo, ni tampoco crear nuevas formas o formatos. La gran necesidad que tenemos hoy es la de recobrar la prioridad de Dios en nuestra adoración y en toda nuestra vida. La crisis de la adoración actual no es una crisis de forma sino de espiritualidad (Bruce Leafblad, "Worship 101", *Worship Leader Magazine*, Noviembre/Diciembre 1998, p. 25).

Como dice el profesor Leafblad, *la crisis en la adoración actual no es una crisis de forma sino de espiritualidad*. ¡Continuamente miramos hacia afuera para realizar el cambio que se necesita realizar por dentro! Continuamos repavimentando, revistiendo y reconsiderando nuestras formas y formatos antes de considerar la renovación del espíritu por el Espíritu Santo. Pablo escribe en 1 Tesalonicenses 5:16-19, *Estén siempre alegres, oren sin cesar, den gracias a Dios en toda situación, porque esta es su voluntad para ustedes en Cristo Jesús. No apaguen el Espíritu.*

Y en Efesios 5:15-20 continúa con este tema, diciendo:

> *Así que tengan cuidado de su manera de vivir. No vivan como necios sino como sabios, aprovechando al máximo cada momento oportuno, porque los días son malos. Por tanto, no sean insensatos, sino entiendan cuál es la voluntad del Señor. No se emborrachen con vino, que lleva al desenfreno. Al contrario, sean llenos del Espíritu. Anímense unos a otros con salmos, himnos y canciones espirituales. Canten y alaben al Señor con el corazón, dando siempre gracias a Dios el Padre por todo, en el nombre de nuestro Señor Jesucristo.*

Cuando nos sentimos desconectados de Dios, es más probable que el problema sea nuestro corazón, no los formatos que estamos usando. ¿Siempre estamos alegres? ¿Oramos continuamente? ¿Damos gracias en cada situación? ¿Aprovechamos cada oportunidad para hacer el bien? ¿Tratamos de interpretar lo que el Señor desea que nosotros hagamos, le pedimos continuamente al Espíritu Santo que nos llene y nos controle?

Las brechas en nuestra búsqueda honesta y pura del rostro de Dios, resultan en brechas en nuestra experiencia y expresión de adoración. Volvamos al momento de "Cuán grande es Él". Mucha gente de la generación anterior cantó esta canción en los campamentos, donde había una comprensión intensa de la bondad y majestad de Dios mientras cantaban alrededor de una fogata, bajo los árboles frondosos y el dosel de millones de estrellas. Cuando repiten la canción, viven esa experiencia una vez más y renuevan ese momento que sintieron en la adoración. Aunque las emociones de la adoración están allí, la experiencia puede convertirse más en un recuerdo del pasado que en una intimidad con Dios.

Aclarémoslo, la adoración abarca todo en la vida, no solo la música. En los entornos de la adoración colectiva, la experiencia que usted ha tenido tiene que ver más con el estado de su corazón y su deseo de ver a Dios cara a cara que con el talento del grupo y del líder de alabanza. La alabanza colectiva saludable depende de la interacción diaria del cuerpo de Cristo con Dios.

Cuando iniciamos cada lunes por la mañana con una oración simple diciendo: "Cristo, lléname con tu Espíritu Santo para que pueda oír tu voz el día de hoy y que pueda comprender lo que estás haciendo en mí, por medio de mí, y alrededor de mi, mientras realizo mis labores diarias", esto es abrirse para interactuar con Dios y para que El interactué con nosotros. Es un acto de adoración. Es el comienzo de un caminar en adoración.

Y cuando el lunes finaliza con nuestra gratitud hacia Dios por las maneras en las que Él manifestó su presencia, aun en las cosas más pequeñas, nuestra vida empieza a ser estimulada y sorprendidas por Dios. Cuando nuestras semanas están llenas de ese tipo de oraciones y de ese tipo de actitudes para que Dios sea parte activa en nuestras vidas, nuestras reuniones colectivas de alabanza los domingos por la mañana cobrarán una nueva vida de adoración estimulante y entusiasta.

Cristo quiere relacionarse con nosotros durante el día. Nos quiere atraer para que le adoremos, para que le alabemos y para que le agradezcamos continuamente. La única forma en que esto ocurre, es cuando nosotros lo invitamos a que abra nuestros ojos, a que se manifieste a nosotros y cuando mantenemos nuestros ojos, oídos, y el corazón abierto para que Él se nos manifieste.

Cuando enseño en las Escuelas de Discipulado en el Canadá y los Estados Unidos, les asigno otra tarea a los estudiantes. Ellos deben llevar a clase un objeto de adoración. El objeto que ellos elijan les debe recordar un atributo, una característica, una cualidad, o un acto de Dios. Cuando lo ven, les recuerda quien es Dios y lo que está haciendo, para que ellos le den la adoración, la alabanza, el agradecimiento y el regocijo.

Siempre me sorprendo por las cosas que estos jóvenes han llevado a clase. Un joven llevó dos rocas, una lisa y la otra muy áspera. Me explicó que había encontrado estas dos rocas a un metro de la orilla de un río. Aparte de su textura exterior, se podría decir que eran muy similares. Él me dijo que una de las piedras estaba sumergida en la corriente de agua, mientras que la otra estaba a la orilla del río. Esto le recordaba a dos vidas, ambas creadas a la imagen de Dios. Una estaba sumergida en el fluir diario del Espíritu Santo, la otra, solo tocaba al Espíritu durante la inundación abrumadora. La analogía de las piedras le mostró que, solo cuando la vida de una persona es sumergida diariamente en la vida del Espíritu, los bordes ásperos de nuestra humanidad comienzan a desgastarse.

¡Qué bien! ¡Él aprendió una buena lección!

Otra joven llevó una mata de cadillos (Abrojo. Es la semilla de una planta que tiene puntas en forma de ganchos las cuales se agarran y se aferran a los calcetines, a los pantalones, y al pelaje de los animales cuando pasan por allí. Es una de las maneras creativas que Dios usa para trasplantar especies). La joven había crecido en la ciudad y nunca antes había visto los cadillos. Estaba fascinada… ¡era como el velcro de la naturaleza! Se los puso en la cabeza para sostener su pelo, como un tipo de broche primitivo. Por supuesto, ¡esto condujo a una serie de problemas interesantes!

Cuando presentó los abrojos como un objeto de adoración, le dijo a la clase, que originalmente no había pensado en utilizar estos abrojos como su objeto de adoración, pero cuando se los intentó quitar del pelo, se dio cuenta que le enseñaron un atributo de Dios. ¡Dios se aferra a nosotros! No nos deja ir. Se necesita hacer un buen esfuerzo para deshacerse de los abrojos. ¡Pero Dios nunca nos deja ir!

Otro joven llevó un contenedor de basura gigante. Dijo que el contenedor le recordaba que Él podía dejar su basura, la basura con la que lucha, a los pies de Dios. En su casa, la basura se saca a la calle y se la llevan todos los jueves. Pero Dios "recoge" su basura siempre que la deja a sus pies. Si confesamos nuestros pecados, nuestros deshechos, nuestra basura, ¡Dios la saca por completo y se olvida que estaba allí! (Hebreos 10:17)

Hay muchas historias parecidas de jóvenes que encuentran cosas en sus experiencias diarias y que dirigen su atención al Dios que camina con ellos en todo momento y que desea estar en comunión con ellos a cada momento de cada día. Pero tal vez el objeto que más ha impactado mi visión personal de Dios, fue el contenido de una de esas bolsas plásticas herméticas. Durante la presentación, un estudiante llevó lo que parecía ser una de ellas. Empezó su presentación diciendo: "La música no me conmueve. No es que no me guste la música. Me gusta, pero no me conmueve, o no me impacta, o no me hace pensar más o menos acerca de Dios". La música es solo música. Pero siempre me siento cerca de Dios cuando hace viento. Salí y capturé un poco de viento en esta bolsa Ziploc. Cuando hace viento me gusta salir a pasear y caminar con el viento. Me gusta sentarme en la base de un gran árbol con los ojos cerrados, sentir el viento en mi cara y escuchar cómo las hojas le aplauden a Dios."

¡Oh! ¡Qué descripción tan formidable de cuando la creación alaba a Dios y nos invita a unirnos con ella!

Hasta el día de hoy, cada vez que pongo sobras de comida en una bolsa hermética, pienso en los árboles que alaban a Dios con sus aplausos, eso me anima a alabar al que los árboles aplauden. Hasta cuando voy al mercado y camino por el pasillo donde están los productos de plástico, veo la sección de aquellas bolsas y pienso en Dios.

> *Ustedes saldrán con alegría y serán guiados en paz. ¡A su paso, las montañas y las colinas prorrumpirán en gritos de júbilo y*

aplaudirán todos los árboles del bosque! (Isaías 55:12)

Los animo a buscar símbolos en las cosas que normalmente se encuentran a diario para que señalen algo que hable de Dios, quién es Él, lo que ha hecho, lo que está haciendo y lo que ha dicho en Su palabra.

Si usted es chofer de camión, no vea tu cargamento como un simple cargamento. Recuerde que Dios llevó nuestras cargas y las tiró lejos. Agradézcale por eso.

Si usted es mecánico, no se vea a sí mismo como un simple mecánico que cambia partes viejas, sino recuerde que en Cristo somos una nueva creación, las cosas viejas han pasado.

Si usted es maestro, no piense que está enseñándoles conceptos simples a los niños de su clase, sino recuerde que Cristo nos ha dado su Espíritu Santo para que nos enseñe todas las cosas, para que nos recuerde lo que Jesús ha hecho. Y alabe Su nombre.

Tengo un amigo que es carpintero, y es muy bueno. Cuando hablo de ser adorador de Dios en cada momento del día, me responde diciendo: "Gareth, eso es fácil para ti. ¡La adoración es tu empleo! ¿Y yo? Soy carpintero, trabajo con la madera, el polvo y algunas veces, con gente ordinaria y grosera. No hay nada que atraiga mi atención para alabar a Dios." ¡Le dije que tenía una de las mejores ocupaciones para acordarse de alabar Dios!

"Observa la madera con la que trabajas". "Busca dos piezas que tengan el mismo veteado."

No se puede. Cada árbol es único y cada pieza de madera de los árboles es única. ¿Eso no nos dice algo del increíble detalle que Dios ha puesto en todo?

"¿Y qué sucede con los clavos que usas? Cada vez que tu martillo le pegue al clavo, recuerda al que tomó los clavos en sus manos por ti". Y en relación a este asunto ¿quién fue carpintero de profesión? ¡Jesús!

Como ve, todos hacemos cosas todos los días, que se pueden utilizar para ayudarnos a "ver" a Dios con más claridad dentro del contexto de lo ordinario. Dios desea relacionarse con nosotros todos los días de nuestras vidas. Cuando empezamos el día "buscando" la evidencia y los recordatorios de Dios terminamos el día habiendo interactuado con Él de maneras normales, saludables, y con entrega total.

La adoración estimulante y entusiasta no tiene nada que ver

con el lugar, el momento o el suceso. Depende de nuestra preparación diaria como adoradores de Dios en todo momento, en cada situación, y en cada circunstancia.

Los salmos nos animan a alabar al Señor en todo momento, con lo que tengamos, todo lo que respire alabe al Señor (Salmo 63:4, 104:33, 146:2, 150:6). Lo alabamos con los instrumentos y con danza. Lo alabamos con nuestros dones y nuestros talentos. Lo alabamos con nuestras vidas. Y lo alabamos por lo que ha hecho y está haciendo en nuestras vidas: cuando les decimos a otros, a nuestros hermanos y hermanas en el Señor, cómo Dios nos ha utilizado para hacer el bien en estos días malvados; cómo Él nos salva de las cosas necias; o cómo nos perdona cuando no somos sabios (Efesios 5:15-20).

La adoración estimulante fluye de una mejor manera cuando no la planeamos, cuando comenzamos a vivirla, a caminar en ella, invitando al Espíritu Santo a llenarnos y a controlarnos cada día.

Cuando invita diariamente a su vida, la plenitud y el poder del Espíritu Santo, se sorprenderá de lo mucho que Él le hablará. ¡Y su respuesta de adoración será contagiosa! No hay nada como un gran testimonio de la intervención de Dios, aun en las cosas pequeñas, para inspirar la adoración en otros. En la medida que eso suceda, las personas no desearan perderse lo que Dios está haciendo en su iglesia. Tendrá una adoración estimulante y entusiasta, no un programa, sino un organismo vivo que crecerá y producirá fruto en su iglesia y en la comunidad.

Kim Hill, artista y líder de alabanza, en su libro dice: "el estilo de nuestra adoración no es lo importante, lo que es importante es el motivo y la intención de nuestro corazón. La adoración sin medida es para un público de: UNO" (Kim Hill con Lisa Harper, *Experience God in Worship; Contemporary Worship: What Does Worship From the Heart Look Like?* [Loveland, CO: Group Publishing, 2000] pág. 86)

A Dios sea la Gloria.

A continuación, les comparto algunas ideas que me han ayudado a inspirarme para adorar a Dios cada día.

1. *Busque en las cosas ordinarias y cotidianas algo que le ayude a recordar algún atributo, característica, cualidad, o un prodigio de Dios.* Anótelo. Medite en ello.

¿Cómo proyecta a Dios en su mente, en oración y en adoración? He descubierto que son las cosas repetitivas que hacemos cada día, las que Dios usa para hablarnos con claridad, si solo le damos la oportunidad. Haga este pequeño ejercicio de adoración en su célula o grupo de estudio Bíblico y se sorprenderá con lo que ocurrirá. Pregúntele a un niño sobre la adoración y sobre Dios, tienen una perspicacia increíble.

2. Siempre debe estar dispuesto a obedecer a Dios en cada circunstancia. Aquí es donde tenemos que estar conscientes del hecho de que Dios quiere transmitirnos Su presencia en todo momento. Observe lo que Él está haciendo alrededor suyo y ofrézcale su alabanza por lo que está haciendo.
3. Lea la Biblia y pídale a Dios que le dé el conocimiento para poder aplicarlo en sus situaciones cotidianas. Cuando atraiga su atención a algo, ¡alábele!

Sé además que todo lo que Dios ha hecho permanece para siempre; que no hay nada que añadirle ni quitarle; y que Dios lo hizo así para que se le tema.
Eclesiastés 3:14

CAPÍTULO VEINTIDÓS

RESUMIÉNDOLO

Todas las cosas llegan a su fin

¿Cómo se puede finalizar un libro que habla de adoración?

En algún momento, uno tiene que estar dispuesto a decir: "Aunque apenas haya arañado la superficie para poder ver y comprender todas las formas en las que Dios nos invita a caminar en adoración, a vivir nuestra adoración, es hora de parar".

Si fuera un productor cinematográfico, tendría suficiente material como para realizar una segunda parte.

Tal vez habrá otro libro con más intersecciones entre la adoración y la vida, ¿Caminar en Adoración 2, tal vez? ¡Hay muchos temas por tratar! Acabamos de raspar la superficie. Ni siquiera hemos hablado de la adoración y la lucha espiritual, de la adoración como intercesión, de la adoración y la presencia manifiesta de Dios en la Biblia, de la adoración en culturas diferentes y el adorar interculturalmente, de la adoración por medio del gozo y la risa, de las cosas que obstaculizan nuestra adoración, y la lista continúa…

A través de los años he escrito y enseñado sobre muchos de estos temas. Continuaré escribiendo el boletín informativo trimestral de *Make Us Holy (Santifícanos)*. Cada publicación trata sobre otro aspecto del caminar en adoración. He recibido muchas cartas, llamadas, y correos electrónicos que me han animado por lo que he escrito y han animado la inspiración que les ha dado para poner personas y lideres que comparten la misma pasión. Muchos de ustedes me han animado a recopilar estos escritos en las páginas de un libro. Ustedes son la razón principal de que este libro se haya hecho realidad. El libro me ha dado la oportunidad de expandir cada tema.

Este libro es un ejercicio total de la fe. No soy escritor. No fue fácil sentarme todos los días frente al computador. La mayoría de veces, dejaba la computadora rápidamente para ir arreglar algo en la casa. ¡Ahora la casa está en buen estado! ¡Pintamos el primer piso, reformamos la cocina y renovamos el sistema eléctrico! Parecía que siempre había algo más urgente que sentarme y escribir.

Me gusta descubrir nuevas verdades acerca Dios. Me gusta hablar con la gente. Incluso me gusta enseñar y predicar. Pero escribir todas estas palabras, es un acto solitario, y normalmente, ¡no soy una persona solitaria! Gayle dice que escribo de una manera completamente diferente a la manera en que interactúo con las personas. Dice que trato de sonar intelectual, académico y docto, pero no funciona. ¡Recibo mucho ánimo conyugal!

Pero, ¡ella tiene razón!

Gayle junto a otras personas, me animaron en todo el proceso hasta el punto de ver este proyecto finalizado. Mientras dirigía su propio negocio, junto con su socio, Kevin Hawley, manteniendo a muchos empleados ocupados, interactuando con sus empleados y sus clientes, ella sacó el tiempo para corregir este libro. Ha tomado mis palabras y las ha editado, haciéndolas sonar como si yo las hubiese dicho, como si yo estuviese sentado al otro lado de la mesa hablando con usted. ¡No se preocupe, todos los comentarios que hice acerca de Gayle, fueron aprobados!

Este proyecto ha sido un esfuerzo compartido. Yo escribí mis pensamientos, mis estímulos y mis ideas. Hablé de estos, los argumenté, y después Gayle me ayudó a sintetizarlos en secciones de fácil lectura y comprensión, que guardan la esencia pura de lo que he hablado y escrito, ¡pero mucho más fáciles de leer!

Gracias, Gayle. ¡Te amo!

Aquí estoy, culminando 18 años con el ministerio *Make Us Holy (Santifícanos)*, por lo menos con una pequeña porción de lo que Dios me ha hablado sobre el caminar en adoración cada día. Solo he visto un fragmento de lo que Dios me ha enseñando. Estoy ansioso de aprender mucho más. Dios continúa revelándome más cosas, Él desea que yo lo siga mientras camino en esta vida de adoración, amando, sirviendo, escuchando, obedeciendo, y teniendo una mejor comprensión sobre cuanto Él valora nuestra comunión.

En 1989 Dios me llevó a Kitchener, Ontario con una palabra clara: "soplar sobre los carbones y avivar el fuego de los dones de mi pueblo". En ese entonces no me había dado cuenta que Dios me iba a utilizar más de lo que me estaba utilizando en la Iglesia Hermanos Menonitas de Kitchener (Kitchener Mennonite Brethren Church) en Kitchener, ON, Canadá. Pero, cuando ya llevaba 5 años trabajando allí como pastor de jóvenes, Dios comenzó a mover en mí ser otros sentimientos con respecto a la adoración y al caminar en una vida de adoración. Él empezó a abrirme las puertas para ministrar en otras iglesias de otras denominaciones. Y Él ha sido mi guía y mi aliento en este camino. Por Él soy lo que soy el día de hoy.

Le animo a utilizar estos principios para que le impulsen a descubrir más sobre la adoración a Dios. Él es quien camina con su creación y entre su creación. Mire lo que Él quiere mostrarle con relación a su obra dentro y alrededor suyo, mientras lleva a cabo sus tareas cotidianas. Amplíe la esfera de la interacción con Dios desde la iglesia a su diario vivir.

Si este libro le ha ayudado a abrir las puertas de su entendimiento sobre la multiplicidad de maneras en las que Dios nos invita a relacionarnos con Él, me gustaría saberlo. Por favor, no dude en llamarme o enviarme un correo electrónico.

Gareth J Goossen
Tel. de oficina: (519) 648-2000
Correo Electrónico: GJG@makeusholy.org
Página Web: http://www.makeusholy.org/es
Página para el libro: http://www.makeusholy.org/es/CaminarEnAdoracion

BIBLIOGRAFÍA

Blackaby, Henry y Richard; King, Claude, *Experiencia con Dios,* Nashville: Broadman & Homan Publishing Group, 2009.

Bonhoeffer, Dietrich. *The Cost of Discipleship*, New York: Macmillan Publishing. 1963.

Caroll, Joseph. *Como Adorar a Cristo Jesús,* Chicago: Desarrollo Cristiano Internacional, 2003.

Foxe, John. *Foxe's Book of Martyrs*. Publicación en línea. The Third Persecution, Under Trajan, A.D. 108. 16 Oct. 2004. <http://books.google.ca/books> y búsca *Foxe's Book of Martyrs.*

Gustafson, Gerrit. "Worship Evangelism." *Charisma and Christian Life*. Oct.1991.

Hill, Kim with Lisa Harper. "Experience God in Worship"; *Contemporary Worship: What Does Worship From the Heart Look Like?* Loveland, CO: Group Publishing, 2000.

Jackman, Rev. John. "Count Nicholas Ludwig von Zinzendorf." Publicación en línea. Zinzendorf: The Count Without Borders. 16 Oct. 2004. <http://zinzendorf.com>.

Leafblad, Bruce H. "Worship 101," *Worship Leader Magazine*, November/December 1998.

Lightfoot, John. “Exercitations upon the Evangelist St. John.” Publicación en línea. *A Commentary on the New Testament from the Talmud and Hebraica*. 16 Oct. 2004 <http://www.preteristarchive.com/Books/1658_lightfoot_talmud-hebraica.html>.

Lloyd Jones, D. Martin, *The Presentation of the Gospel,* London: InterVarsity Press, 1949.

Martin, Paul. “When The Music Fades: The Eternal Truth Behind ‘The Heart of Worship.’” Publicación en línea. *Worship Leader Workshop Magazine*. 16 Oct. 2004. <http://www.soulsurvivorusa.com/articles/theheartofworship.htm>.

Rupert, Dennis. “Eight Explanations for Suffering Found in the Bible.” Publicación en línea. New Life Community Church. 16 Oct. 2004. <http://www.new-life.net/growth/other-articles/eight-explanations-for-suffering-found-in-the-bible>.

Tippit, Sammy. “Prayer and Worship.” Publicación en línea. Sammy Tippit Ministries: God’s Love in Action. 16 Oct. 2004. <http://sammytippit.org/content/revival-worship/1911/Chapter%20%209%20-%20Prayer%20and%20Worship>.

Tippit, Sammy. “Suffering and Worship.” Publicación en línea. Sammy Tippit Ministries: God’s Love in Action. 16 Oct. 2004. <http://sammytippit.org/content/revival-worship/1916/Chapter%207%20-%20Suffering%20and%20 Worship

